Diversity Management

AF191813

Waxmann Verlag GmbH
Steinfurter Straße 555, 48159 Münster
info@waxmann.com

Michael Gessler, Britta A. Stübe

Diversity Management

Berufliche Weiterbildung
im demografischen Wandel

Waxmann 2008
Münster / New York / München / Berlin

Bibliografische Informationen der Deutschen Nationalbibliothek
Die Deutsche Nationalbibliothek verzeichnet diese Publikation in der
Deutschen Nationalbibliografie; detaillierte bibliografische Daten
sind im Internet über http://dnb.d-nb.de abrufbar.

Die Studie wurde gefördert von der Senatorin für Arbeit, Frauen,
Gesundheit, Jugend und Soziales des Landes Bremen und vom
Europäischen Sozialfonds (EFS).

ISBN 978-3-8309-2012-0

© Waxmann Verlag GmbH, Münster 2008

www.waxmann.com
info@waxmann.com

Umschlaggestaltung: Christian Averbeck, Münster
Titelbild: Photocase.com: Simon Sommer, Ostfildern

Gedruckt auf alterungsbeständigem Papier, säurefrei gemäß ISO 9706

Inhalt

Abbildungen

Tabellen

Vorwort

Am 14. August 2006 trat das Allgemeine Gleichbehandlungsgesetz (AGG) in
Kraft. Ziel des Gesetzes ist es, „Benachteiligungen aus Gründen der Rasse
oder wegen der ethnischen Herkunft, des Geschlechts, der Religion oder
Weltanschauung, einer Behinderung, des Alters oder der sexuellen Identität
zu verhindern oder zu beseitigen".[1] Die Deutsche Gesellschaft für Diversity
Management (DGDM) hat sich gleichermaßen das Ziel gesetzt, offene und
versteckte Diskriminierung im Berufs- und Arbeitsleben zu bekämpfen und
die Vielfalt aktiv zu fördern.[2] Die Unternehmen Daimler Chrysler, Deutsche
Bank, Deutsche Telekom und Deutsche BP unterzeichneten wiederum am
13. Dezember 2006 eine Selbstverpflichtung, die „Charta der Vielfalt" (siehe
Anhang). Die Konzerne verpflichten sich mit Unterzeichnung der Charta dazu, ein Arbeitsumfeld zu schaffen, das frei ist von Vorurteilen und Benachteiligung. Bis heute beteiligen sich 127 Unternehmen an dieser von der
Bundesregierung unterstützten Initiative.[3]

Neben diesen umfassenden Diversity-Ansätzen bestehen Initiativen, die
u.a. folgende Ungleichheitsaspekte in den Blick nehmen: 1996 wurde in
Frankfurt am Main der Verein „Total E-Quality Deutschland e.V." von Ver-
tretern aus Wirtschaft, Gewerkschaft, Politik und Wissenschaft gegründet.
Organisationen, die nachweisen können, dass sie den definierten Mindest-
standard zur Förderung der Chancengleichheit von Frauen und Männern
erfüllen, werden mit dem E-Quality-Award ausgezeichnet; ein Prädikat, das
drei Jahre gültig ist und danach erneut beantragt werden muss. Seit 1996
wurden über 100 Unternehmen und Institutionen aus Wirtschaft, Verwaltung und Wissenschaft mit diesem Preis ausgezeichnet.[4] Mit einem weiteren Preis, dem „Max-Spohr-Preis", wirbt der Völklinger Kreis e.V. / Bundes-
verband Gay Manager seit 2001 für mehr Toleranz gegenüber allen Minderheiten. Im Mittelpunkt steht ebenfalls der Diversity-Gedanke.[5] In der
Deutschen Gesellschaft für Personalführung sind die Diversity-Aktivitäten
wiederum in einem Competence Center gebündelt worden, das Workshops,
Trainings und Consulting anbietet.[6]

---

1   Bundesgesetzblatt Jahrgang 2006 Teil I Nr. 39, Bonn, 17. August 2006, S. 1897
2   http://www.diversity-gesellschaft.de
3   Stand 01.10.07. Siehe: http://www.charta-der-vielfalt.de
4   Kriterien der Selbstbewertung: siehe Anhang
5   http://www.vk-online.de/max-spohr-preis.html
6   http://www.dgfp.com

Der Diversity-Gedanke scheint im Berufs- und Arbeitsleben angekommen zu sein. Inwiefern Unternehmen der Region Bremen diesen Ansatz bereits aufgreifen, ist Gegenstand dieser Untersuchung, die gefördert wurde vom Senator für Arbeit, Frauen, Gesundheit, Jugend und Soziales des Landes Bremen und dem Europäischen Sozialfonds (ESF). Die Projektleitung oblag der Wirtschafts- und Sozialakademie der Arbeitnehmerkammer Bremen. Diversity Management bildet den Kontext. Fünf Schwerpunktsetzungen grenzen dieses weite Feld ein: (1) Zum einen ist die Untersuchung begrenzt auf die Region Bremen und Bremerhaven. (2) Ältere Mitarbeiter, (3) berufliche Weiterbildung und (4) die Wirkung des demografischen Wandels stehen im Fokus der Untersuchung. Um mögliche Unterschiede zwischen Klein- und Mittelständischen Unternehmen (KMU) sowie Großbetrieben identifizieren zu können, wurden (5) Personalexperten von KMU sowie Großbetrieben befragt. Im ersten Teil der Studie werden aktuelle Forschungsergebnisse vorgestellt. Im zweiten Teil wird sodann das Antwortverhalten der Personalexperten analysiert und der theoretische Teil um Sichtweisen aus der Praxis erweitert.

Erfreulich ist, dass ein großes Interesse am Thema „demografischer Wandel und alternde Belegschaften" besteht. Auffällig ist jedoch, dass dieses Interesse bei den KMU ohne Folgen bleibt. Das Antwortmuster lässt sich wie folgt skizzieren:

- *Situation:* In den letzten Jahren hat ein großer Teil der befragten Unternehmen Vorruhestandsregelungen in Anspruch genommen und die Belegschaft erheblich „verjüngt", weshalb die Altersstruktur als weitgehend ausgeglichen empfunden und kein Handlungsbedarf gesehen wird.
- *Wahrnehmung:* Älteren Mitarbeitern wird von einigen Personalverantwortlichen eine biologisch bedingte verminderte Leistungsfähigkeit zugeschrieben, weshalb Weiterbildung eine unnötige Investition darstelle. Eine zweite Gruppe wertet altersdifferenzierte Maßnahmen als Stigmatisierung, die zu unterlassen sei. Diese und weitere Annahmen verhindern die Initiierung von Maßnahmen zur speziellen Förderung älterer Mitarbeiter.
- *Handlungsplanung:* Gleichwohl die Probleme des demografischen Wandels gesehen werden und der Fachkräftemangel in einzelnen Branchen bereits spürbar ist, gehen die befragten Personalexperten in den KMU davon aus, dass bei Bedarf auf Ressourcen zurückgegriffen werden kann, die der Arbeitsmarkt zur Verfügung stellt, weshalb das Personalmanagement eher operativ als strategisch orientiert ist. Weiterbildung

wird situationsorientiert im Sinne von Anpassungsqualifizierung durchgeführt. Strategische und präventiv orientierte Weiterbildungsaktivitäten sind selten. Anders stellt sich die Situation in den zum Vergleich befragten Großunternehmen dar. Vielfalt (insbesondere Altersdifferenzierung) wird nicht nur wahrgenommen, sondern es werden aktiv Handlungspläne entworfen und umgesetzt. Vielfalt wird zunehmend als Wert anerkannt. Der organisierte Umgang mit dieser Vielfalt, das Diversity Management, ist eine Herausforderung, der sich bislang nur die Großbetriebe stellen.

Der Diversity-Ansatz erfordert einen umfassenden Wertewandel, der durch Weiterbildung allein nicht zu bewerkstelligen ist. Betriebliche Weiterbildung könnte allerdings im Sinne von Awareness-Trainings ein unterstützendes Instrument zur Begleitung des Wandels sein. Im Zuge eines solchen Wertewandels hin zur Wahrnehmung und Akzeptanz von Vielfalt würden vermutlich auch altersdifferenzierte Maßnahmen sowie die Positionierung von beruflicher Weiterbildung insgesamt in den KMU einen anderen Stellenwert erfahren. Dass ein grundsätzliches Umdenken im Personalbereich erforderlich ist, war wiederum eine zentrale Botschaft des ersten „ZukunftsForum Personal", das Mitte Oktober 2007 in München stattfand. Die betriebliche Personalarbeit dürfe sich nicht auf die Arbeit im Unternehmen allein begrenzen, sondern es sei Verantwortung zu übernehmen für die Rahmenbedingungen insgesamt und für die Entwicklungen auf der „Makro-Ebene". Insbesondere der demografische Wandel mache es erforderlich, dass Lösungen gefunden werden für die Steuerung u.a. der Einwanderung, der Arbeitszeit sowie der (Re-)Mobilisierung von Humanressourcen. Neben den einzelunternehmerischen Aufgaben müssten gesamtgesellschaftliche Problemstellungen zunehmend Berücksichtigung finden.[7] In den Großbetrieben ist diese Ausrichtung deutlich wahrnehmbar. Die KMU haben hingegen Schwierigkeiten, ihre operative Personalperspektive zu überwinden.

---

7   Vgl. Training aktuell, 18. Jhg. Nr. 11/2007, Bonn: managerSeminare Verlags GmbH, 6-7.

Einleitung

1 Einleitung

Die Bevölkerung in Deutschland wird in absehbarer Zeit nicht nur zahlenmäßig kleiner, sondern sie wird auch beträchtlich altern. Von 1990 bis
2005 stieg das Durchschnittsalter bereits von 39 auf 42 Jahren und wird bis
2050 um mindestens 6 und maximal 10 Jahre weiter ansteigen (vgl. Statis
2006a: 38). Dies hat Folgen: (1) Die Wahrscheinlichkeit qualifikatorischer
und regionaler Ungleichgewichte zwischen Angebot und Nachfrage steigt.
(2) Der Rekrutierungsspielraum der Unternehmen im Segment der jüngeren Altersgruppen wird eingeschränkt. (3) Es findet eine deutliche Alterung
der Belegschaften statt mit steigendem Anteil der über 50-Jährigen.

1.1 Problemstellung

Ein mögliches Zukunftsszenario ist, dass sich aufgrund der Abnahme des
Angebots an jüngeren Erwerbstätigen die Beschäftigungschancen für ältere
Arbeitnehmer am Arbeitsmarkt verbessern und bislang ungewöhnliche Angebote, wie z.B. Traineeprogramme für Ältere, zur Regel werden. Für dieses
Szenario spricht, dass die Beschäftigungsquote der Erwerbstätigen im Alter
von 55 bis 64 Jahren in Deutschland bis 2000 weitgehend konstant blieb
und zwischen 2000 und 2005 um 7,8 % Prozentpunkt anstieg. Sie liegt
1,3% über dem Wert der EU-15, jedoch weit unterhalb des Niveaus von Dänemark, Großbritannien und Finnland.

Tabelle 1: Beschäftigungsquoten der 55–64-Jährigen

	Däne-mark	UK	Finnland	Nieder-lande	BRD	EU-15
Beschäftigungs-quote 2000 in %	55,7	50,7	41,6	38,2	**37,6**	37,8
Beschäftigungs-quote 2005 in %	59,5	56,9	52,7	46,1	**45,4**	44,1

Quelle: Eurostat 2007: 135

Zur Berechnung der Beschäftigungsquote wird die Zahl der beschäftigten
Personen im Alter zwischen 55 und 64 Jahren durch die Gesamtbevölke-
rungszahl derselben Altersgruppe dividiert. Zur beschäftigten Bevölkerung
zählen auch Personen, die nicht arbeiten, aber einen Arbeitsplatz hatten,

von dem sie vorübergehend abwesend sind. Die positive Entwicklung der Beschäftigungsquote hat jedoch nichts daran geändert, dass die Arbeitslosenquote Älterer in Deutschland entgegen dem europäischen Trend gestiegen ist und zwar von 11,8 % in 2001 auf 12,6 % in 2006. Sie ist damit doppelt so hoch wie der EU-15 Wert (2001: 6,5 % / 2006: 6,2 %).

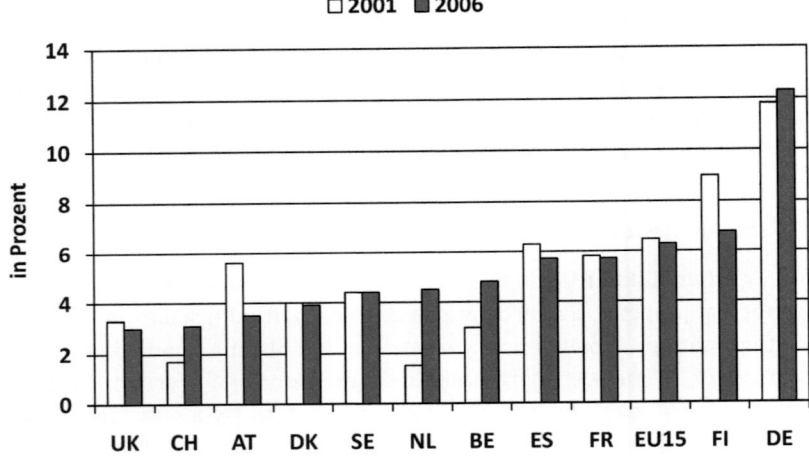

Abbildung 1: Arbeitslosenquote der 55–64-Jährigen
Quelle: Eigene Darstellung, Eurostat Online[8]

Wird die aktuelle Dauer für Personalneueinstellungen in verschiedenen Branchen als möglicher Indikator für das eine oder andere Zukunftsszenario gesehen, so scheint das zweite derzeit wahrscheinlich. In den Bereichen Chemie, Kunststoff, Glas und Baustoffe hat sich die Dauer der Personalsuche von 2004 bis 2006 beispielsweise von 44 auf 60 Tage erhöht, ist trotz eines Rückgangs von 6 Tagen im Bereich Maschinenbau, Elektrotechnik, Fahrzeuge mit 57 Tagen hoch und mit 53 Tagen im Bereich Metalle/ Metallerzeugnisse konstant hoch geblieben (vgl. Kettner 2007: 2). Kurz: Den Unternehmen fällt es schwer, offene Stellen zu besetzen. In manchen Branchen kann bereits von einem Fachkräftemangel gesprochen werden. Dennoch ist die Altersarbeitslosigkeit in den vergangenen fünf Jahren gestiegen, ist mit einem Niveau von 12,6 % sehr hoch und liegt erheblich über dem Durchschnitt anderer Länder. Zudem sind 54,3 % der Älteren seit über einem Jahr

---

8   Datenbankabfrage auf http://epp.eurostat.ec.europa.eu (letzte Abfrage Januar 2008)

arbeitslos – bei allen Arbeitslosen beträgt diese Quote 39,1 % (Bundesagentur für Arbeit 2007a: 9). Es besteht demzufolge ein doppeltes Problem: Deutschland ist – wie andere Industrienationen – vom demografischen Wandel betroffen und ist zudem auf diesen Wandel – im Vergleich zu anderen Ländern – schlechter vorbereitet, gleichwohl bereits seit längerem verschiedene Initiativen bestehen. Bereits am 16. Oktober 1992 wurde vom Bundestag eine Enquête-Kommission mit dem späteren Namen „Demographischer Wandel – Herausforderungen unserer älter werdenden Gesellschaft an den Einzelnen und die Politik" eingesetzt, die am 27. März 2002 ihren Abschlussbericht vorlegte. Von 1996 bis 2000 betrieb das BMBF den Förderschwerpunkt „Demografischer Wandel und die Zukunft der Erwerbsarbeit". 2001 wurde der Förderschwerpunkt im Rahmenkonzept „Innovative Arbeitsgestaltung – Zukunft der Arbeit" im Handlungsfeld 3.3 „Chancengleichheit fördern und ungenutzte Potenziale erschließen" und 2005 im Rahmenkonzept „Innovationsfähigkeit in einer modernen Arbeitswelt" fortgeführt. Eine BMBF-Ausschreibung vom 19. Juni 2007 im Kontext dieses Rahmenkonzeptes lautet beispielsweise „Technologie und Dienstleistungen im demografischen Wandel". Hierbei geht es um die Entwicklung von Dienstleistungen und Technologien zur Unterstützung zukunftsorientierter Formen des generationenübergreifenden Zusammenlebens sowie der Lebensgestaltung u.a. im Kontext einer längeren Lebensarbeitszeit sowie der Balance von Arbeit und Lebensführung (Work-Life-Balance). Politisch wurde auf den demografischen Wandel u.a. reagiert (1) mit dem Beschluss, die Regelaltersgrenze von derzeit 65 Jahren bis zum Jahr 2012 schrittweise auf 67 Jahre anzuheben und (2) mit dem Gesetz zur Verbesserung der Beschäftigungschancen älterer Menschen vom 19. April 2007. In Artikel 1 des Gesetzes wird eine Änderung des Teilzeit- und Befristungsgesetzes vorgenommen, womit eine *Befristung des Arbeitsvertrages* auf fünf Jahre möglich ist, wenn der Arbeitnehmer das 52. Lebensjahr vollendet hat und u.a. unmittelbar vor Beginn des befristeten Arbeitsverhältnisses mindestens vier Monate beschäftigungslos war. Einerseits wird mit dieser Regelung die befristete Anstellung Älterer vereinfacht. Andererseits muss der Arbeitnehmer zunächst arbeitslos werden, damit diese Regelung greifen kann. In Artikel 3 werden wiederum Paragraphen des Dritten Buches Sozialgesetzbuch geändert. Arbeitgeber können zukünftig einen *Eingliederungszuschuss* erhalten, wenn der Arbeitnehmer das 50. Lebensjahr vollendet hat und u.a. vor Aufnahme der Beschäftigung mindestens sechs Monate arbeitslos war oder eine Vermittlung wegen in der Person liegender

Umstände erschwert wird. Die Förderhöhe darf 30 Prozent des berücksichtigungsfähigen Arbeitsentgeltes nicht unter- und 50 Prozent nicht überschreiten. Die Förderdauer darf 12 Monate nicht unter- und 36 Monate nicht überschreiten. Arbeitnehmer erhalten wiederum eine *Entgeltsicherung*, wenn sie das 50. Lebensjahr vollendet haben und mit der Aufnahme einer Beschäftigung ihre Arbeitslosigkeit beenden oder vermeiden. Die Entgeltsicherung wird geleistet als Zuschuss zum Arbeitsentgelt und beträgt im ersten Jahr nach Aufnahme der Beschäftigung 50 Prozent und im zweiten Jahre 30 Prozent der monatlichen Nettoentgeltdifferenz (Differenz zwischen dem pauschalierten Nettoarbeitsentgelt der alten und der neuen Beschäftigung). Arbeitnehmer können wiederum durch die *Übernahme der Weiterbildungskosten* gefördert werden, wenn sie bei Beginn der Teilnahme das 45. Lebensjahr überschritten haben und u.a. der Betrieb, dem sie angehören, weniger als 250 Arbeitnehmer beschäftigt. Der Gesetzgeber geht implizit bei diesen Maßnahmen von der Annahme aus, dass sich die Attraktivität der Arbeitskraft Älterer erhöht, wenn das Kostenniveau abgesenkt wird. Andere Schwerpunkte setzen zwei aktuelle Initiativen. Im Rahmen der Initiative „Rebequa" werden in einem sechstägigen Kurs so genannte „Demographie-Berater" ausgebildet. Das Angebot richtet sich an erfahrene Trainer und Personalfachleute in insbesondere Klein- und Mittelständischen Unternehmen. Die Teilnahme selbst ist kostenlos. Die angehenden Berater verpflichten sich allerdings, ihr Wissen in sieben halbtägigen Workshops an regionale Unternehmen weiterzugeben. Dieses Konzept basiert auf der Annahme, dass die Unternehmen nicht hinreichend informiert sind über die Möglichkeiten und Grenzen Älterer. Die Initiative startete im Herbst 2007 in Bayern, Baden-Württemberg, Bremen, Hamburg, Hessen, Niedersachsen, Rheinland-Pfalz, dem Saarland und Schleswig-Holstein. Finanziert wird das Projekt mit Mitteln der Europäischen Union.[9] Einen wiederum anderen Ansatz verfolgt der Verein Demographie-Netzwerk e.V. in Dortmund. In Zusammenarbeit mit der Initiative Erfahrung Deutschland Gesellschaft für Expertenwissen mbH in Mannheim sollen erfahrene Fach- und Führungskräfte, die sich bereits im Ruhestand befinden, an Unternehmen vermittelt werden. Diesem Konzept liegt die Annahme zugrunde, dass ältere Arbeitnehmer leistungsfähig sind und deren Erfahrung einen besonderen Wert darstellt.[10]

---

9   http://www.rebequa.de
10   http://www.erfahrung-deutschland.de

Das Altern betrieblicher Belegschaften ist ein schleichender Prozess, auf den sich die Unternehmen unterschiedlich einstellen. Entsprechend unterschiedlich ausgerichtet ist deren strategisches Personalmanagement. So konzentriert sich beispielsweise ein jugendzentriertes Personalmanagement einerseits auf die Förderung und Weiterbildung von jüngeren Mitarbeitern sowie andererseits auf eine Ausgrenzung älterer, z.B. mittels Altersteilzeit. In einem unserer Interviews beschrieb ein „Wissensmanager" seine Aufgabe als „Ausarbeitung der älteren Mitarbeiter", um den „Verlust an Erfahrungswissen" aufgrund der „erforderlichen Verjüngung der Belegschaft" und „notwendigen Kostensenkung"[11] zu kompensieren.

Dem Paradigmenwechsel in der Politik mit dem Ziel der Verlängerung der Erwerbsdauer ist in vielen Unternehmen noch kein Paradigmenwechsel „von jugendzentrierter zu altersorientierter Arbeits- und Personalpolitik gefolgt. Altersprozesse in den Blick nehmen beinhaltet, lange Zeithorizonte zu berücksichtigen; darauf ausgerichtete Maßnahmen stehen den Maximen kurzfristiger Ökonomie und dem verbreiteten Short-Terminism betrieblichen Handelns entgegen" (Morschhäuser 2004: 86). In diesem Kontext erscheint „Age Diversity Management" als ein möglicher Ansatz. Manche Großunternehmen reagieren bereits aktiv auf den demografischen Wandel (vgl. Ladwig, Boie & Kutscher 2006).

1.2 Fragestellung und Forschungsfragen

Unsere Leitfrage lautet: Inwieweit sind die KMU der Region Bremen und Bremerhaven auf den demografischen Wandel vorbereitet? Nachfolgend wird zunächst der demografische Prozess in Deutschland dargestellt. Dabei werden insbesondere die Konsequenzen für den Arbeitsmarkt thematisiert. Anschließend wird der Frage nachgegangen, welche Herausforderungen der demografische Wandel für die unternehmerische Praxis impliziert. Hierbei liegt der Fokus auf den Themen „Age Diversity Management" und berufliche Weiterbildung. Zu diesen Themenkomplexen führten wir 10 Experteninterviews (7 KMU sowie 3 Großbetriebe), um das Interesse an der Funktion eines betrieblichen Weiterbildungsbeauftragten für ältere Arbeitnehmer auszuloten. Das Ziel der Untersuchung ist, ein Verständnis zu gewinnen hinsichtlich der Situation und Wahrnehmung Älterer in den Betrie-

---

11 Ältere Mitarbeiter erhalten in der Regel ein höheres Einkommen als jüngere Mitarbeiter (vgl. Döring 2002). Eine IAB-Stichprobe ergab allerdings, dass die Einkommen von Beschäftigten ab dem 55. Lebensjahr wieder sinken (vgl. Kistler 2004: 76).

ben sowie der resultierenden re- und proaktiven Handlungsplanung. Der Untersuchung liegen folgende Forschungsfragen zugrunde:

Situation
- Wie bildet sich der demografische Wandel in den Unternehmen ab?
- Ist (Age) Diversity Management ein Thema in den Unternehmen?
- Werden spezielle Weiterbildungsmaßnahmen für ältere Mitarbeiter angeboten?

Wahrnehmung
- Wie werden Ältere in den Unternehmen wahrgenommen?
- Wie wird die altersdifferenzielle Vielfalt wahrgenommen?
- Welchen Stellenwert hat die berufliche Weiterbildung für Ältere?

Handlungsplanung
- Welche Maßnahmen werden bereits realisiert?
- Welche Maßnahmen sind in Planung?
- Was bedeutet dies für die berufliche Weiterbildung?

In unseren Interviews erkannten wir eine Diskrepanz zwischen der Wahrnehmung und Bewertung der aktuellen Situation älterer Mitarbeiter einerseits und den tatsächlich geplanten oder realisierten Maßnahmen bzw. der konkreten Handlungsplanung im jeweiligen Unternehmen andererseits. Wir begannen daraufhin mit einer inhaltsanalytischen Auswertung der Experteninterviews. Unsere Annahme war, dass sich die Wahrnehmung der Experten weitgehend ähnelt, während sich die Handlungsplanung unterscheidet.

1.3 Struktur der Studie

Die Studie ist in zwei Teile gegliedert. Im ersten Teil sind der Kontext und aktuelle Forschungsergebnisse dargestellt. Diese haben wir in zwei Punkte untergliedert: Kennzahlen des demografischen Wandels in Deutschland (Kapitel 2) sowie (Age) Diversity Management (Kapitel 3). Aufbauend auf diesem theoretischen Vorverständnis entwickelten wir Analysekategorien zur Situation, Wahrnehmung und Handlungsplanung. Im zweiten Teil stellen wir die Ergebnisse der inhaltsanalytischen Auswertung der Experteninterviews vor, untergliedert in die drei Teilbereiche Situation, Wahrnehmung und Handlungsplanung (Kapitel 4). Die Ergebnisse der empirischen Studie werden abschließend zusammengefasst (Kapitel 5).

Demografischer Wandel

2 Demografischer Wandel

Mit dem Satz „Kinder kriegen die Leute immer" hat Bundeskanzler Konrad Adenauer 1957 das auf dem Generationenvertrag basierende Umlageverfahren unseres Rentensystems begründet. Hinter diesem Generationenvertrag steht allerdings das Zahlungsversprechen von Menschen, die noch nicht geboren wurden. Hinzu kommt, dass die Deutschen im Schnitt immer älter werden. Erforderlich wäre ein neuer Gesellschafts- und Generationenvertrag, der „in einer Arbeitswelt verankert sein [sollte], die sich in der Erzeugung und Gestaltung von Erwerbsarbeit, in der Organisation von Bildungswegen und Qualifizierungsprozessen bis hin zur Organisation der Lebensarbeitszeit an den andersartigen Erfordernissen und Möglichkeiten einer älter werdenden Gesellschaft orientiert." (Lennartz 1996: 7)

Die Prognosen demografischer Institute weichen in der Regel leicht voneinander ab, da, abhängig von der Fragestellung, die drei Stellgrößen Migrationsbewegung, Fertilitäts- und Mortalitätsrate unterschiedlich gewichtet werden. Dennoch sind sich alle Demografen in drei grundsätzlichen Punkten einig: (1) Einer wachsenden Zahl älterer Menschen steht eine sinkende Zahl junger gegenüber. (2) Das als demografischer Wandel bezeichnete Phänomen wird sich in den nächsten Jahrzehnten weiter verstärken. (3) Die Gruppe der Hochaltrigen (d.h. der über 90-Jährigen) bildet das am stärksten anwachsende Bevölkerungssegment. (vgl. Pohlmann 2004: 45)

Die künftige Größe und Altersstruktur der deutschen Bevölkerung sind vorbestimmt durch die niedrigen Geburtenraten der letzten Jahrzehnte sowie die gestiegene Lebenserwartung: „Selbst bei weiterhin kontinuierlich erfolgenden Zuwanderungen sind der Bevölkerungsrückgang und die Verschiebung der Altersstruktur nicht aufzuhalten, sondern allenfalls abzumildern. Immer weniger junge Menschen stehen immer mehr älteren Menschen gegenüber, und das Durchschnittsalter der Bevölkerung im erwerbsfähigen Alter sowie das der Bevölkerung insgesamt werden deutlich zunehmen." (Enquete-Kommission 2002: 33). Im Folgenden werden die einzelnen demografischen Prozesse kurz erläutert.

2.1 Rückgang des Geburtenniveaus

1965 setzte ein drastischer Geburtenrückgang ein (Stichwort „Pillenknick"). Während 1964 die durchschnittliche Kinderzahl pro Frau in Deutschland noch bei 2,54 lag, sank diese Zahl bis 1975 auf durchschnittlich 1,4 Kinder

und blieb bis heute konstant niedrig. Bereits seit 1972 ist in Deutschland
die Zahl der Geburten niedriger als die der Sterbefälle und selbst bei einer
zukünftigen durchschnittlichen Geburtenrate von (unwahrscheinlichen) 2
Kindern je Frau ist der Bevölkerungsrückgang in Deutschland unvermeid-
lich (vgl. Beckstein 2002: 10). Und: Der Prozess hat bereits begonnen. Von
1871 bis 2002 wuchs die Bevölkerung in Deutschland von 40.997.000 auf
82.537.000. 2003 hat sich dieser Trend umgekehrt. Von 2003 bis 2006
schrumpfte erstmals in der Geschichte der Bundesrepublik die Bevölkerung
um 186.000 (vgl. Statis 2007: 34). Bei der Fortsetzung der aktuellen demografischen Entwicklung wird die Einwohnerzahl von ca. 82,3 Millionen im
Jahr 2006 auf 69 bis 74 Millionen im Jahr 2050 abnehmen (vgl. Statis 2007:
57). Die Zahl der Kinder und Jugendlichen im Betreuungs- und Schulalter
sowie der jungen Menschen im Ausbildungsalter geht entsprechend zurück,
was zu Massenschließungen und Zusammenlegung von Schulen führen
wird (vgl. Abb. 2).

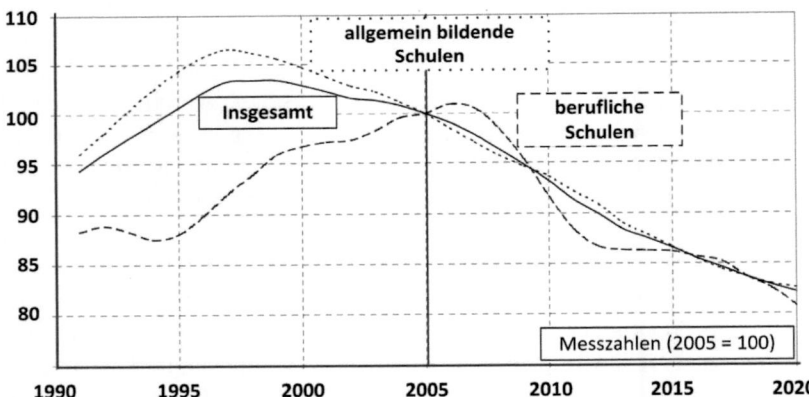

Abbildung 2: Schülerinnen und Schüler 1991 bis 2020
Quelle: Kultusministerkonferenz 2007: 31

Die Ursachen hierfür sind vielfältig und sind u.a. im grundlegenden Wertewandel begründet: „In einer Gesellschaft, in der das Individuum im Mittelpunkt steht, wird der Kinderwunsch mehr und mehr Teil einer persönlichen Wohlstandsstrategie" (Beckstein 2002: 11). Dabei spaltet sich unsere
Gesellschaft in zwei Teile: in einen Teil, der zeitlebens kinderlos bleibt und
in Familien mit durchschnittlich zwei Kindern. Verfechter einer höheren
Fertilität weisen auf die Notwendigkeit hin, entsprechende familienpoliti-
sche Maßnahmen zu ergreifen (vgl. Hullen 2004).

2.2 Sterblichkeit und Lebenserwartung

Ein entscheidender Faktor des demografischen Alterns ist die Sterblichkeit, d.h. die relative Häufigkeit von Sterbefällen in einer Bevölkerung in einem gegebenen Zeitraum. Seit dem Ende des 19. Jahrhunderts besteht eine Tendenz zur Abnahme der Säuglings- und Alterssterblichkeit. Möglich wurde dies durch die erfolgreiche Bekämpfung bis hin zur Ausrottung der meisten klassischen Infektionskrankheiten, die Fortschritte in der Medizin, den Ausbau und die Verbesserung des Gesundheitssystems, die veränderten Lebensbedingungen (z.B. Wohnbedingungen) sowie die veränderten Lebensstile (z.B. Ernährungsgewohnheiten). Während zu Anfang des letzten Jahrhunderts noch fast 20 % aller Neugeborenen vor ihrem ersten Lebensjahr starben, ist es heute weniger als ein halbes Prozent aller Säuglinge (vgl. Roloff 2005: 16). Zudem erhöht sich die Lebenserwartung. Das Statistische Bundesamt unterscheidet eine Basisannahme sowie eine um ca. zwei Jahre erhöhte Annahme zum sehr hohen Anstieg der Lebenserwartung. In beiden Annahmen steigt die Lebenserwartung der Männer stärker an als die der Frauen, sodass sich der Unterschied zwischen den Geschlechtern vermindert. Neugeborene des Jahres 2050 hätten nach Hochrechnung des Statistischen Bundesamtes eine um ca. 15 Jahren höhere Lebenserwartung als Neugeborene des Jahres 1950. Im Jahr 2050 geborene Mädchen hätten demnach in der optimistischen Annahme eine Lebenserwartung von 89,8 Jahren und Jungen eine Lebenserwartung von 85,4 Jahren (vgl. Statis 2006a: 17).

2.3 Umkehr der Altersstruktur

Das sinkende Geburtenniveau sowie die stark besetzten Jahrgänge im mittleren Alter, die in höhere Altersklassen aufrücken, führen zu einer Umkehr der Altersstruktur (vgl. Abbildung 3). Derzeit ist der Anteil der unter 20-Jährigen noch so hoch wie der Anteil der über 65-Jährigen (jeweils ca. 20%). Doch dieser Zustand wird sich in den nächsten Jahrzehnten wandeln. Im Jahr 2050 wird die Hälfte der Bevölkerung voraussichtlich älter als 48 Jahre alt sein, ein Drittel sogar 60 Jahre und älter. Das bedeutet gleichzeitig: Die Zahl der 60-Jährigen wird im Jahr 2050 ca. doppelt so hoch sein wie die Zahl der Neugeborenen. Bereits 2005 gab es fast genauso viele Neugeborene wie 60-Jährige. Heute sind die im Jahr 1964 Geborenen als 42-Jährige die stärkste Alterskohorte in Deutschland. Im Jahr 2050 werden dann die 60-

bis 62-Jährigen am stärksten vertreten sein. Dagegen wird sich die Zahl der 80-Jährigen und Älteren (die so genannten Hochbetagten) von heute nicht ganz 4 Millionen auf über 10 Millionen im Jahr 2050 erhöhen (vgl. Statis 2007: 57).

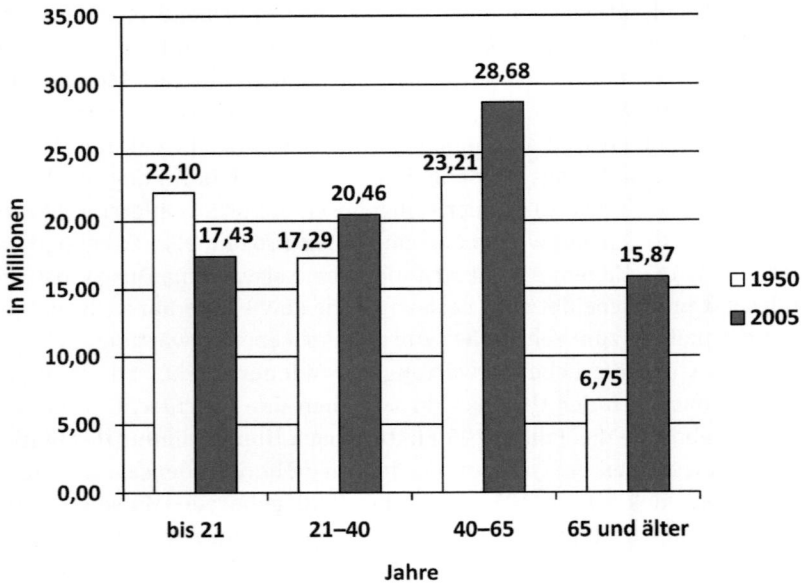

Abbildung 3: Bevölkerung nach Altersgruppen
Quelle: Eigene Darstellung, Statis 2007: 42

Das Durchschnittsalter der Bevölkerung wird durch weniger Nachwuchs weiter ansteigen. Anfang des 20. Jahrhunderts hatte der Altersaufbau noch die klassische Pyramidenform. Einem breiten Sockel junger Menschen standen mit steigenden Altersjahren stetig sinkende Zahlen an älteren, insbesondere hochbetagten Menschen gegenüber. Infolgedessen war die Bevölkerung zu Beginn des 20. Jahrhunderts im Durchschnitt 24 Jahre alt. Fast 100 Jahre später kann von einer „Pyramide" nicht mehr die Rede sein. Vielmehr hat der aktuelle Altersaufbau die Form eines „ausgefransten Tannenbaums" und der Altersdurchschnitt liegt heute bei 42 Jahren – fast doppelt so hoch wie 1910. Bis zum Jahr 2050 wird sich die ursprüngliche Pyramide schließlich vollständig umkehren. Dann werden erstmals mehr ältere als jüngere Menschen in Deutschland leben (vgl. Roloff 2005).

2.4 Veränderte Strukturierung der Lebensphasen

Der demografische Wandel führt nicht nur zu einer Umkehr der Alters-struktur, sondern in Verbindung mit den kulturellen und wirtschaftlichen Veränderungen zu einem Wandel der Lebensphasen selbst. Die Segmente Erwachsenen- und Kindesalter nehmen zunehmend ab, während die Pha-sen Jugend- und Seniorenalter wachsen. Oberhalb des Seniorenalters etab-liert sich zudem eine eigene Altersgruppe, das hohe Alter. In idealtypischer Weise hat Hurrelmann diesen Wandel in der folgenden Grafik dargestellt und zudem aufgrund der bisherigen Entwicklung den Stand im Jahr 2050 prognostiziert.

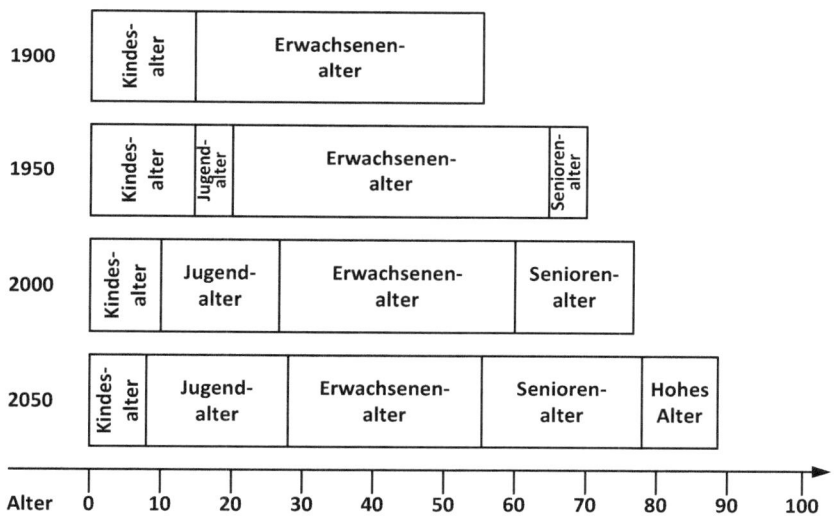

Abbildung 4: Strukturierung der Lebensphasen
Quelle: Eigene Darstellung, Hurrelmann 2005, S. 17

Dieser Wandel hat Auswirkungen: Mit jedem Lebensabschnitt besteht die Möglichkeit der Neugestaltung und Neudefinition der individuellen Lebens-entwürfe. „So gesehen werden die Spielräume für die eigene Gestaltung des Lebenslaufs größer, auch weil durch den Eintritt in neue Lebensabschnitte Korrekturmöglichkeiten gegeben sind." (Hurrelmann 2005: 18). Der Wan-del der Strukturierung bedeutet allerdings auch eine zunehmende Unbe-stimmtheit und Unklarheit, welche Bedeutung einer Lebensphase inne-wohnt. Rituale, Symbole, Gebräuche und Gewohnheiten verlieren ihre

Orientierungsfunktion und können nur noch einen groben Rahmen der Sinnstiftung bieten. Insbesondere traditionelle Übergangszeremonien, wie Schuleintritt, Berufseintritt und Hochzeit, verlieren an Bedeutung. „Die Sorge, einem noch folgenden Lebensabschnitt keinen subjektiven Gewinn mehr zuschreiben zu können, der für eine bewusste Lebensgestaltung Voraussetzung ist, kann viele Menschen schon in der Lebensphase des älteren Erwachsenen bedrücken. In einer eigentümlichen Analogie zu den frühen Phasen des Lebenslaufes werden in der späten Phase elementare Fragen nach dem Sinn des Lebens aufgeworfen, die hohe Ansprüche an die eigene Orientierungsfähigkeit stellen" (Hurrelmann 2005: 19) Ursula Staudinger hat Muster des Lebensinvestments zwischen 20 und 105 Jahren untersucht und diese Annahme empirisch bestätigt (vgl. Tabelle 2).

Tabelle 2: Muster des Lebensinvestments

Junges Erwachsenen-alter 25–34 Jahre	Mittleres Erwachsenen-alter 35–54 Jahre	Höheres Erwachsenen-alter 55–65 Jahre	Hohes Erwachsenen-alter 70–84 Jahre	Sehr hohes Erwachsenen-alter 85–105 Jahre
Beruf, Freunde, Familie, Unabhängig-keit	Familie, Beruf, Freunde, Kognitive Leistungs-fähigkeit	Familie, Gesundheit, Freunde, Kognitive Leistungs-fähigkeit	Familie, Gesundheit, Kognitive Leistungs-fähigkeit, Freunde	Gesundheit, Familie, Nachdenken über das Leben, Kognitive Leistungs-fähigkeit

Quelle: Staudinger & Schindler 2002: 973, nach Staudinger 1996

Während im Alter zwischen 25 und 34 Jahren Beruf, Freunde, Familie und Unabhängigkeit die Lebenswirklichkeit bestimmten, rücken Gesundheit und Nachdenken über das Leben im Alter in den Vordergrund.

2.5 Außenwanderung und Heterogenisierung

Die Bevölkerungszahl in Deutschland nimmt nicht nur bereits seit 2003 ab, sondern sie wird weiterhin zunehmend heterogener, gleichwohl der Trend des Wanderungssaldos, die so genannte Außenwanderung, insgesamt rückläufig ist (vgl. Statis 2007: 58).

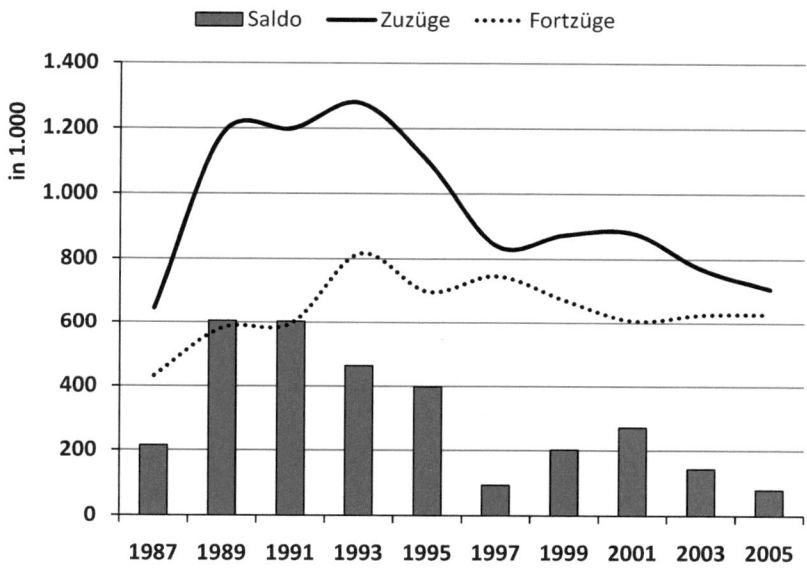

Abbildung 5: Außenwanderung
Quelle: Eigene Darstellung, Statis 2007: 58

Heute leben in Deutschland ca. 6,7 Millionen Einwohner mit einer ausländi-
schen Staatsangehörigkeit (8,18 % von ca. 82,4 Millionen Einwohnern). Das
Durchschnittsalter beträgt 36,7 Jahren bei einer mittleren Aufenthaltsdauer
von 17,3 Jahren. Die größten Personengruppen stammen aus der Türkei
(1,7 Millionen), aus Jugoslawien und seinen Nachfolgestaaten (Kroatien:
227.500, dem ehem. Serbien und Montenegro: 282.100, Bosnien und Her-
zegowina: 157.100), Italien (524.700), Polen (361.700) und Griechenland
(303.800) (vgl. Statis 2007: 48).

Die Zahl der Personen mit Migrationshintergrund ist hingegen mehr als
doppelt so hoch. Personen mit Migrationshintergrund sind Menschen, „die
nach 1949 auf das heutige Gebiet der Bundesrepublik Deutschland zugezo-
gen sind, sowie alle in Deutschland geborenen Ausländer und alle in
Deutschland als Deutsche Geborene mit zumindest einem zugezogenen
oder als Ausländer in Deutschland geborenen Elternteil. Dies bedeutet, dass
in Deutschland geborene Deutsche einen Migrationshintergrund haben
können, sei es als Kinder von Spätaussiedlern, als Kinder ausländischer El-
ternpaare (so genannte ‚ius soli-Kinder') oder als Deutsche mit einseitigem

Migrationshintergrund. Dieser Migrationshintergrund leitet sich dann ausschließlich aus den Eigenschaften der Eltern ab." (Statis 2007: 31). Das Statistische Bundesamt unterscheidet entsprechend zwei Personengruppen:
Personen mit Migrationshintergrund im engeren Sinne (zugewanderte und
in Deutschland geborene Ausländer) und solche mit Migrationshintergrund
im weiteren Sinne. Die Anzahl der Personen mit Migrationshintergrund
betrug 2005 18,59 %, ca. 15,3 Millionen (vgl. Statis 2007: 64). Da diese Personengruppe 2007 erstmals ausgewiesen wurde, ist eine Trendaussage
nicht möglich. Zukünftig werden die Daten allerdings fortlaufend erhoben.

2.6 Entwicklung des Erwerbspersonenpotenzials

Besonders deutlich wird sich der demografische Wandel auf dem Arbeitsmarkt bemerkbar machen. Selbst bei einer jährlichen Zuwanderung von
(derzeit unwahrscheinlichen) 200.000 Personen wird die Zahl der Er-
werbspersonen im Alter von 20 bis unter 67 Jahren von 52,422 Mio. (2005)
auf 41,030 Mio. im Jahr 2050 zurückgehen. Ein Minus von 21,73 %. Im
Rahmen der 11. Bevölkerungshochrechnung wurden insgesamt 15 Varian-
ten berechnet (vgl. Tabelle 3). Das Institut für Arbeitsmarkt- und Berufsforschung (IAB) hat errechnet, dass erst bei einem (unrealistischen) Wande-
rungssaldo von 500.000 Personen (bezogen auf Personen von 20 bis 65
Jahren sowie auf eine Zeitspanne bis 2040) der Bevölkerungsrückgang aufzuhalten wäre. Das IAB hat zudem bei seinen Hochrechnungen verschiedene Entwicklungen des Erwerbspersonenpotenzials berücksichtigt. In Variante 3 wird beispielsweise mit einem stärkeren Anstieg der Erwerbsquo-
ten gerechnet. Dies wäre z.B. der Fall, wenn Frauen und ältere Menschen
viel stärker als bisher in das Erwerbsleben integriert würden. Allerdings
zeigt die Prognose auch, dass der Rückgang des Erwerbspersonenpotenzials durch eine höhere Erwerbsbeteiligung abgebremst, nicht aber kom-
pensiert werden kann (vgl. Fuchs, Söhnlein & Weber 2004: 127).

   Welche Schlüsse lassen sich aus diesen Projektionen des Statistischen
Bundesamtes sowie des Instituts für Arbeitsmarkt- und Berufsforschung
ziehen? Offenbar können weder die Geburtenrate noch die Zuwanderung
noch eine Erhöhung der Erwerbsbeteiligung den demografisch bedingten
Arbeitskräfterückgang ausgleichen. Die Demografie gibt eine eindeutige
Richtung für die künftige Entwicklung des Erwerbspersonenpotenzials vor
und diese zeigt bei allen Projektionsvarianten nach unten.

Tabelle 3: Ergebnis der 11. Bevölkerungshochrechnung

Variante	Geburten	Lebens-erwartung	Wande-rungssaldo	2050	Minus
1	konstant	Basis	100.000	37.374	28,71 %
2	konstant	Basis	200.000	41.030	21,73 %
3	konstant	hoch	100.000	37.419	28,62 %
4	konstant	hoch	200.000	41.078	21,64 %
5	steigend	Basis	100.000	38.756	26,07 %
6	steigend	Basis	200.000	42.467	18,99 %
7	steigend	hoch	100.000	38.802	25,98 %
8	steigend	hoch	200.000	42.516	18,90 %
9	fallend	Basis	100.000	36.686	30,02 %
10	fallend	Basis	200.000	40.312	23,10 %
11	fallend	hoch	100.000	36.731	29,93 %
12	fallend	hoch	200.000	40.360	23,01 %
13	konstant	Basis	300.000	44.490	15,13 %
14	konstant	Basis	0	32.807	37,42 %
15	stark steigend	Basis	100.000	44.901	14,35 %

Geburten: konstant = 1,4 Kinder je Frau, steigend = steigend, ab 2025 1,6 Kinder je Frau, stark steigend = steigend, ab 2010 2,1 Kinder je Frau, fallend = fallend bis 2050 auf 1,2 Kinder je Frau.

Lebenserwartung: Basis = neugeborene Jungen im Jahr 2050: 83,5 Jahre & neugeborene Mädchen im Jahr 2050: 88 Jahre, hoch = neugeborene Jungen im Jahr 2050: 85,3 Jahre & neugeborene Mädchen im Jahr 2050: 89,8 Jahre.

Quelle: Statis 2006b

Die Tatsache, dass der demografische Wandel nicht aufzuhalten ist, macht es umso notwendiger, die Konsequenzen zu akzeptieren. Vor allem ist auf mittlere Sicht die Alterung des Arbeitskräftepotenzials relevanter als dessen erst langfristig zu erwartende Schrumpfung. Dabei wird die bisher zahlenmäßig stärkste Alterskohorte der 35- bis 49-Jährigen abnehmen: von derzeitig rund 20 Millionen auf ca. 14 Millionen bis 2050. Bei dieser Gruppe wird innerhalb der nächsten ca. 50 Jahre mit einem Rückgang um knapp ein Drittel gerechnet. Nicht ganz so stark wird die Gruppe der Jüngsten, der 20- bis 34-Jährigen, abnehmen: von rd. 16 auf 12 Millionen bzw. um knapp ein Viertel. Nur die älteste Generation der Bevölkerung im Erwerbsalter, die 50- bis 64-Jährigen, wird voraussichtlich ihren derzeitigen Stand von rd. 15 Millionen halten. Bei dieser Gruppe wird innerhalb des gesamten Prognosezeitraums ein relativ geringer Rückgang um 2,5 % erwartet. Die 50- bis 64-Jährigen werden im Jahr 2050 die stärkste Gruppe innerhalb des Arbeitskräftepotenzials sein (vgl. Roloff 2005: 35 f.).

2.7 Vereinzelung und plurale Lebensformen

Unterschiede zwischen den unterschiedlichen Generationen sind nicht ungewöhnlich. Diese Differenz wird jedoch durch Singularisierung und Pluralisierung verstärkt. War früher ein Lebenszyklus maßgeblich durch Familie und Ehe geprägt, werden traditionelle Lebensverläufe heute zunehmend durch plurale Lebensformen in den Hintergrund gedrängt. Die demografischen Ursachen für diese Erscheinung sind insbesondere der Alterungsprozess der Bevölkerung, die Verlängerung der Bildungszeiten, die wachsende Zahl von Scheidungen und Trennungen sowie die weitgehende Akzeptanz nichtehelicher Lebensformen (vgl. Hullen 2004: 20). Hullen weist in diesem Kontext darauf hin, dass im Jahr 2003 von den 39 Millionen Privathaushalten in Deutschland 37 Prozent Ein-Personen-Haushalte und 34 Prozent Zwei-Personen-Haushalte waren. Die durchschnittliche Zahl der Haushaltsmitglieder betrug 2,14. Im Vergleich dazu: im Jahr 1900 lebten gerade einmal 1,3 Prozent der Bevölkerung alleine. Die Ein-Personen-Haushalte machten damals nur knapp 6,2 Prozent aller Haushalte aus. Es wird angenommen, dass im Jahr 2040 jeder zweite Haushalt von nur noch einer Person bewohnt wird (Hullen 2004: 21). Die Single-Gesellschaft erscheint am Horizont (vgl. Hradil 1995). Der kontinuierliche Rückgang und der Alterungsprozess der Bevölkerung sind nicht umkehrbar mit massiven Wirkungen auf das Beschäftigungs-, Renten- und Gesundheitssystem. Das demografische Altern wird zudem Auswirkungen haben auf das *Verhältnis zwischen den Generationen* (intergenerationelle Beziehungen) sowie *innerhalb ein und derselben Generation* (intragenerationelle Beziehungen) hinsichtlich der Prozesse der Orientierung, der Beeinflussung, des Austauschs und des Lernens. Unterschiedliche Lebensauffassungen und Wertevorstellungen sind häufig ein Grund für die Distanz zwischen Jüngeren und Älteren. Ergebnisse der „Population Policy Acceptance Study" zeigen allerdings, dass die große Mehrheit der 20- bis 30-Jährigen ein positives Bild von den Älteren hat. So sind beispielsweise 83 % der Meinung, „dass die jüngere Generation von der Anwesenheit, dem Wissen und den Erfahrungen älterer Menschen profitieren könnte" (Roloff 2005: 49). Zudem würden die Älteren auf die Aufrechterhaltung traditioneller Werte in der Gesellschaft achten und eine wichtige Quelle für die emotionale Unterstützung darstellen.

Im folgenden Kapitel wird das Konzept des Diversity Managements erläutert als betrieblich-funktionales Instrument im Umgang mit der entstehenden gesellschaftlichen Vielfalt. Im Anschluss daran wird eine in diesem Kontext relevante Variante des Diversity Managements, das Age Diversity Management, genauer betrachtet.

Diversity Management

3 Diversity Management

Der Diversity Management Ansatz entstand Mitte der 1980er Jahre in den USA zum einen vor dem Hintergrund einer Antidiskriminierungsgesetzgebung mit teilweise millionenschweren Klagen gegen Unternehmen wegen der Ungleichbehandlung der Arbeitnehmer. Zudem zeichnete sich das wachsende Marktpotenzial ethnischer Einwohner- und Einwanderungsgruppen ab, worauf die Unternehmen des „weißen Amerikas" mit der gezielten Rekrutierung dieser Bevölkerungsgruppen begann, um sich auf deren Marktwünsche besser einstellen zu können.

Eine Studie zur „Workforce 2000" des Hudson Institute prognostizierte schließlich 1987 eine Verschiebung des Arbeitskräftemarktes: Spätestens im Jahr 2008 seien nur noch 30 % aller neuen männlichen Arbeitskräfte Nachfahren europäischer Einwanderer. Diese Faktoren leiteten einen tief greifenden Wandel ein „von der weißen, männlichen und ethnisch-homogenen heterosexuellen Monokultur hin zu einer varianten- und varietätenreichen Unternehmens- und Arbeitskultur. Heute praktizieren in den USA bereits mehr als drei Viertel der 500 führenden Unternehmen Diversity Management." (Haselier & Thiel 2005: 13)

Nachfolgend wird zunächst der Diversity Management Ansatz vorgestellt (Kapitel 3.1). Im Anschluss daran wird eine Variante beschrieben, das „Age Diversity Management" (Kapitel 3.2).

3.1 Diversity Management

„Diversity Management beschreibt als Management- oder Führungsaufgabe die Gesamtheit der Maßnahmen, die darauf zielen, dass Unterschiedlichkeit in den personalen Merkmalen von Organisationsmitgliedern als eigenständiger Wert anerkannt und in ihren Potenzialen für den Erfolg einer Organisation genutzt wird" (Jung, Schäfer & Seibel 2003: 97)

Diversity (lat. diversitas: Verschiedenheit, Unterschiedlichkeit) bezeichnet im Kern das Phänomen „Vielfalt", das durch zahlreiche personelle Unterschiede entsteht. Neben der Andersartigkeit und Individualität betrachtet Diversity aber auch die Gemeinsamkeiten. „Positiv belegt ist Diversity im Sinne von Facettenreichtum zu verstehen, der eine vielfältige und vielschichtige Alternativenauswahl impliziert und der die Unterschiedlichkeit nicht nur als Trennendes, sondern auch als etwas Verbindendes ansieht

und als Chance bzw. Potenzial zu einer synergetischen Nutzung begreift"
(Aretz & Hansen 2002: 10).

Diversity begrenzt sich allerdings nicht auf die Tatsache, dass sich Menschen in vielerlei Hinsicht unterscheiden oder gleichen. Der Ansatz verkörpert heute darüber hinaus eine Geisteshaltung, die von Offenheit, Respekt und Wertschätzung geprägt ist mit dem Bewusstsein, dass Unterschiedlichkeiten einen erheblichen Einfluss auf das tägliche Miteinander haben. So bestimmt die eigene Einstellung zu menschlicher Vielfalt den Umgang mit unterschiedlichen Ansichten.

Diversity stellt somit Fragen an menschliche Grundhaltungen: Welche Einstellung habe ich zu Unterschiedlichkeit? Wie gehe ich auf Menschen zu, die „anders" sind? Wie offen bin ich für andere Sichtweisen und für Anregungen anderer? Diversity beschränkt sich dabei nicht nur auf den passiven Ansatz der Toleranz, sondern es sollen darüber hinaus bestehende Denk- oder Verhaltensweisen zum Thema Vielfalt überdacht werden. Wenn sich eine positive, offene Geisteshaltung auch im konkreten Handeln widerspiegelt, „dann können echte Mehrwerte für die Organisation geschaffen werden" (Stuber 2004: 19).

Kritiker des Ansatzes merken hingegen an, dass die Prinzipien Organisation und Vielfalt einander grundsätzlich widersprechen, weshalb die angestrebte Akzeptanz und Würdigung personeller Vielfalt als Bedrohung gesehen werden. Dies sei vor allem in Unternehmen der Fall, in denen wertkonservative Einstellungen dominieren. Im Zuge der Globalisierung und der internationalen Vernetzung werden die Belegschaften in Unternehmen allerdings heterogener. Wichtige Quellen dieser Vielfalt sind z.B. die steigende Erwerbstätigkeit von Frauen, die steigende Mobilität von Arbeitskräften über Ländergrenzen hinweg, aber auch aktuelle Entwicklungen auf den Absatzmärkten (Vielfalt der Kundenbedürfnisse) sowie auf den Beschaffungsmärkten („Global Sourcing"). Menschen mit unterschiedlichem Alter, National- und Ethnienkultur, Religion, Geschlecht (Gender), sexueller Orientierung, Berufs- und Arbeitskultur arbeiten in derselben Firma, am selben Fließband, im gleichen Projektteam. Daraus folgt: Unternehmen mit einer soziodemografischen Vielfalt brauchen einen adäquaten Umgang mit dieser Vielfalt.

Zielsetzung des Diversity Managements ist die Berücksichtigung und Förderung aller unterschiedlichen Stakeholder. Gleichzeitig ist Diversity Management ein Konzept zur positiven Beachtung und Nutzung der soziokulturellen Unterschiede der Menschen. Diversity Management befasst sich deshalb u.a. mit folgenden Fragen: (1) Welche Wirkung haben betriebliche Monokulturen, wenn ethnische und personale Vielfalt ignoriert wird? (2) Wie kann die Benachteiligung von u.a. Frauen, Älteren und Ausländern verhindert werden?

Diversity Management ist eine Organisationsphilosophie, die auf Vielfalt setzt und die Intention verfolgt, Vielfalt im Unternehmen zu fördern. Vermeintlich elitäre Gesellschafts- oder Unternehmenskulturen werden dabei infrage gestellt. Es werden neue Perspektiven möglich in der Gleichstellung zwischen den Generationen, Frauen und Männern, Einheimischen und Zugewanderten, Behinderten und Nicht-Behinderten. Die Fähigkeiten der Mitarbeiter sollen sich entfalten können, ohne aufgrund u.a. des Geschlechts, des Alters oder der ethnischen Zugehörigkeit benachteiligt zu werden (vgl. Hecht-El Minshawi/Engel 2006: 12).

Unterscheidbar sind hierbei personen- und organisationsbezogene Sichtweisen (vgl. Tabelle 4).

Tabelle 4: Sichtweisen von Diversity

	Personenbezogene Sichtweisen	Organisationsbezogene Sichtweisen
Sachebene	Phänomen „Vielfalt" Die Tatsache, dass sich Menschen in vielerlei Hinsicht unterscheiden – oder auch gleichen („Diversity")	Instrument „Diversity Management" Die gezielte interne und externe Berücksichtigung sowie die bewusste Nutzung und Förderung von Vielfalt
Mentale Ebene	Geisteshaltung „Offenheit" Das Bewusstsein für Vielfalt und die eigene Einstellung zu Unterschiedlichkeit, die den Umgang mit Menschen mitbestimmen („valuing diversity")	Leitgedanke „Diversity & Inclusion" Die grundlegende, positive Ausrichtung einer Organisation auf Vielfalt und Individualität

Quelle: Stuber 2004: 15

Im folgenden Teilkapitel wird der Versuch unternommen, die bislang unbestimmte Vielfalt zu systematisieren, was dem Grundgedanken einerseits widerspricht, da Systematisierung immer auch Standardisierung und Reduktion bedeutet. Andererseits ist eine Reduktion der Komplexität notwendig, um diese fassbar zu machen.

3.1.1 Dimensionen von Diversity

In welche Dimensionen lässt sich Vielfalt differenzieren? Welche Aspekte des Individuums werden dabei angesprochen? Drei mögliche Kategorisierungsformen werden vorgestellt und anschließend zusammengefasst (vgl. Tabelle 5).

Loden & Rosener (1991) unterscheiden primäre und sekundäre Dimensionen von Diversity. Zur primären Dimension gehören sechs Merkmale, die entweder angeboren sind oder früh erworben wurden und als unabhängig und stabil gelten: Befähigung vs. Behinderung, Ethnizität und Geschlecht. Die sekundäre Dimension umfasst hingegen Faktoren, die als erworben und veränderlich angesehen werden. Hierzu zählen Merkmale, die durch Erziehung, Ausbildung, Berufs- und Lebenserfahrung, also im Laufe der Sozialisation, entwickelt wurden. Jackson & Ruderman (1996) differenzieren drei Dimensionen: (1) demografische Diversität: Geschlecht, Ethnizität, Alter; (2) psychologische Diversität: Werte, Überzeugungen, Wissen; (3) organisationale Diversität: Dauer der Zugehörigkeit zur Organisation, Aufgabe/ Funktion, Hierarchieebene. Aretz & Hansen (2002) differenzieren auf Basis einer systemtheoretischen Sichtweise vier Systemebenen: (1) Kulturelles System (Glaubensausrichtung), (2) Soziales System (Ethnizität, Gender), (3) Organisches System (Alter, Befähigung, Behinderung, biologisches Geschlecht und organisches System) sowie (4) Psychisches System (Persönlichkeitsmerkmale, Ausbildung, Denk- und Arbeitsweise sowie sexuelle Orientierung).

Im Vergleich wird deutlich, dass für Loden & Rosener das Leitkriterium die Frage der Veränderbarkeit ist, während bei Jackson & Ruderman sowie Aretz & Hansen Merkmale des Menschen (demografische und psychologische Diversität bzw. organisches und psychisches System) sowie umweltbezogene Merkmale (organisationale Diversität bzw. soziales und kulturelles System) unterschieden werden. Denkbar wäre somit eine Systematisierung entlang den Dimensionen Veränderbarkeit, Merkmale des Menschen sowie umweltbezogene Merkmale, wobei die Aspekte je nach Akzentuierung entweder als veränderbar bzw. als stabil und als persönliche bzw. umweltbezogene Merkmale erscheinen. Die Zuordnung betont jeweils unterschiedliche Facetten: Der Grad einer Behinderung ist beispielsweise sowohl biologisch als auch gesellschaftlich begründet; Alter ist einerseits ein stabiles Merkmal (chronologisches Alter) und andererseits entwicklungsfähig (funktionales Alter). Insgesamt erscheint ein gemischtes System als sinnvoll, das primäre und personenbezogene (z.B. chronologisches Alter), primäre und umweltbezogene Merkmale (z.B. soziales Alter), sekundäre und personenbezogene (z.B. psychologisches Alter) sowie sekundäre und umweltbezogene Merkmale (z.B. funktionales Alter) unterscheidet. Die verschiedenen Altersbegriffe werden in Kapitel 3.2 erläutert.

Tabelle 5: Dimensionen von Diversity

Loden & Rosener (1991)	Jackson & Ruderman (1996)	Aretz & Hansen (2002)
Primäre Dimension Faktoren, die als weitgehend stabil gelten.	Demografische Diversität Geschlecht, Alter und Ethnizität	Organisches System Geschlecht, Alter, Befähigung und Behinderung
Sekundäre Dimension Faktoren, die als erworben und veränderlich gelten.	Organisationale Diversität Dauer der Zugehörigkeit zur Organisation, Funktion, Hierarchieebene	Soziales System Ethnizität
	Psychologische Diversität Werte, Überzeugungen und Wissen	Psychisches System Persönlichkeitsmerkmale, Ausbildung, Denk- und Arbeitsweise sowie sexuelle Orientierung
		Kulturelles System Glaubensausrichtung

Im folgenden Kapitel werden unterschiedliche Gründe für eine auf Vielfalt ausgerichtete Orientierung des Managements vorgestellt.

3.1.2 Ansätze des Diversity Managements

Nicht nur ökonomische Notwendigkeiten, sondern auch gesellschaftliche und politische Entwicklungen beeinflussen die Ausgestaltung von Diversity-Konzepten. Unterscheidbar sind drei grundlegende Ansätze (vgl. Aretz & Hansen 2002: 34 f.): (1) Antidiskriminierungsansatz, (2) Marktorientierungsansatz und (3) Lernorientierter Ansatz.

Antidiskriminierungsansatz

Bei diesem Ansatz werden Problemfelder für mögliche Diskriminierungen identifiziert, benannt und (auch präventiv) einer Konfliktbewältigung zugeführt. Initiativ wirken hier gesetzliche Rahmenbedingungen (z.B. das Allgemeine Gleichbehandlungsgesetz) und gesellschaftliche Forderungen, denen die Organisation Rechnung zu tragen hat, z.b. um ihr Image zu verbessern oder sich rechtlich abzusichern. So wird z.b. durch bestimmte Quoten sichergestellt, dass unterschiedliche gesellschaftliche Gruppen im Unternehmen repräsentiert sind.

Kritisch hierbei ist, dass nach Anwendung dieses Ansatzes das Thema Vielfalt zwar wahrgenommen, Diskriminierung jedoch oftmals verschleiert wird. Die Außensicht, – wir erfüllen doch pflichtgemäß die Auflagen –, kann in der Binnensicht bestehende Formen der Diskriminierung absichern und verstärken. Bekannte Effekte sind die „Gläserne Decke" für Frauen sowie „freiwillig" bezahlte Ausgleichsabgaben.

Marktorientierungsansatz

Mit diesem Ansatz wird versucht, eine spezifische marktförmige Demografie im Unternehmen abzubilden. Erwartet wird aufgrund der marktähnlichen Mitarbeiterstruktur ein verbesserter Zugang zum Markt. Anders formuliert: Die Diversität des Personals soll der Ausrichtung auf den lokalen und globalen Absatzmarkt dienen. Problematisch an diesem Ansatz ist die Gefahr der Stereotypisierung. Die persönliche Vielfalt wird auf die Zugehörigkeit zu einer bestimmten sozialen Gruppe reduziert und gruppentypische Verhaltensweisen werden erwartet bzw. gefordert. Der Wert der Mitarbeiter liegt sodann weniger in deren Individualität, sondern vielmehr in deren Zugehörigkeit zu einer spezifischen Gruppe. Gleichzeitig wird dieser Gruppe die Verantwortung für den Umgang mit spezifischen Kundengruppen zugewiesen, während sich die Organisation dieser Verantwortung zu entziehen vermag.

Lernorientierter Ansatz

Dieses Konzept wird von Unternehmen, die sich als lernende Organisationen verstehen, bevorzugt. Hier steht die Kompetenzentwicklung im Mittelpunkt der Überlegungen. Die individuellen Fähigkeiten und Erfahrungen sollen integriert und die Vielfalt, die sich in einer gemischten Gruppe ergibt, genutzt und wertgeschätzt werden. Personelle Vielfalt wird als Basis eines ganzheitlichen organisationalen Lernens verstanden. Dieser Ansatz erfordert besondere Anstrengungen, da neue Sicht- und Vorgehensweisen wertgeschätzt werden müssen und von den Organisationsmitgliedern die Fähigkeit zum Perspektivenwechsel abverlangt wird. Als Basis für eine Stärkung der Weiterbildungsorientierung in den Unternehmen eignet sich dieser Ansatz in besonderer Weise.

3.1.3 Implementierungsstrategien

Wie mit der Vielfalt im Unternehmen umgegangen wird, hängt vom „Diversity-Mix", also den Dimensionen, dem Grad der Unterschiedlichkeit sowie von der Kultur und Historie des Unternehmens ab. Aretz & Hansen (2002: 51) benennen Maßnahmen, die sich in US-amerikanischen Firmen bewährt haben:

- Heterogenität wird in Entscheidungsgremien sichergestellt, um unterschiedliche Perspektiven zu repräsentieren.
- Wertschätzung von Vielfalt wird in den Unternehmens- und Führungsgrundsätzen verankert.
- Beurteilungssysteme und Anreizsysteme werden auf Vorurteile („Bias") hin überprüft und Fähigkeiten im Umgang mit Diversity positiv gewürdigt.
- Training und Supervision zur Bewusstmachung vorhandener Diversity (Awareness) und zum Umgang mit Diversität, Spannungen und Konflikten werden angeboten.
- Der persönliche Erfahrungsaustausch wird gefördert.
- Diversity-orientiertes Handeln soll insbesondere von den Führungskräften vorgelebt werden.

Im Folgenden geht es um die Frage, wie Diversity Management in den Unternehmensalltag integriert werden kann. Aufgrund der unterschiedlichen Ansätze (siehe 3.1.2) bestehen unterschiedliche Strategien und Vorgehensweisen. Zu klären ist die Frage, welche Ziele mit der Förderung von Vielfalt unmittelbar und mittelbar erreicht werden sollen. Zu unterscheiden ist hierbei zwischen strategischen und operativen Zielsetzungen. So beschreiben übergeordnete strategische Zielsetzungen (entsprechend der englischen „goals") zukünftige Zustände oder Situationen, nicht jedoch Aktivitäten. Beispiele für solche Zielsetzungen sind: Wir erfüllen die gesetzlichen Auflagen. Unsere Belegschaft repräsentiert die Vielfalt der Kundenwünsche. Vielfalt und Offenheit sind die Grundlage für Lernanlässe und Erfahrungsaustausch. Die „goals" werden konkretisiert in messbaren Zielen (entsprechend der englischen „objectives"). „Auf dieser Ebene existieren Kriterien, denen die formulierten Ziele genügen müssen. Dazu gehören eine klare Spezifizierung, die Messbarkeit, eine erkennbare Relevanz und ein definierter Zeithorizont" (Stuber 2004: 142). Beispiele für konkrete Ziele sind: „Wir verbessern unsere Platzierung in der Rangliste der beliebtesten Arbeitgeber bis zum nächsten Jahr um fünf Plätze." „Wir werden innerhalb eines Jahres der bevorzugte XYZ-Dienstleister für türkische Kunden in Deutschland" (ebd.: 143). Neben der Klärung der strategischen und operativen Ziele ist zunächst eine Ist-Analyse, die Feststellung des Status quo, erforderlich, um in einem weiteren Schritt Verbesserungspotenziale ausloten und Maßnahmen zur Veränderung entwickeln zu können. Bestandsaufnahmen könnten z.b. erfolgen in folgenden Bereichen: Demografische Analyse der im Unternehmen bestehenden Vielfalt, externe Analysen zu Image und Positionierung auf dem Markt, Analyse der bestehenden Interaktionsbeziehungen. Die „Society of Human Resource Management" hat beispielhaft einen Leitfaden mit Musterfragen für die Ist-Analyse entwickelt (siehe Anhang). Nach dieser Bestandsaufnahme kann die Implementierung erfolgen. Unterscheidbar sind wiederum zwei Implementierungsmechanismen: Einführung und Mainstreaming. Während der „Einführung" von Diversity wird das Konzept publik gemacht und erste Änderungen initiiert. An diese Phase der „Aufwärmung" schließt die Phase der Verbreitung an. Das „Mainstreaming" sorgt für die Integration und Verankerung des Diversity-Ansatzes in den Strukturen und Prozessen der Organisation. Weder Aufwärmung noch Verbreitung sind fortlaufende Aktivitäten. Letztendlich zielt Diversity Management darauf ab, sich überflüssig zu machen, indem der adäquate und produktive Umgang mit personeller Vielfalt im Unternehmen zu einer Selbstverständlichkeit wird. Dies bedarf allerdings in den meisten Fällen vieler Jahre intensiver Veränderungsarbeit. Hinsichtlich der Einführung von Diversity ist eine Kopplung von Top-down- und Bottom-up-Ansätzen sinnvoll, damit der Wandel das gesamte Unternehmen umfasst. Diese beiden Vorgehensweisen werden nun vorgestellt.

Diversity-Einführung: Top-down

Die Top-down-Einführung geht von der Leitungsebene aus und „stellt den Bezug zum Kerngeschäft sicher, bietet Vorbilder und unterstreicht den klaren Willen und die feste Überzeugung der Organisation, neue Wege zu gehen" (Stuber 2004: 157). Top-down-Maßnahmen sind zum Beispiel: (1) Policies oder Betriebsvereinbarungen, (2) Zielvereinbarungen, (3) Auszeichnungen, (4) Trainings und/oder (5) Mentoring- und Coachingangebote für Führungskräfte. In diesem Kontext wird das Allgemeine Gleichbehandlungsgesetz (AGG) vom 14. August 2006 bedeutsam. Das Ziel des Gesetzes (§ 1) ist ein umfassendes Diskriminierungsverbot, um real existierende, unmittelbare und mittelbare Benachteiligungen aus Gründen der Ethnie/ Kultur, des Geschlechts, der Religion/ Weltanschauung, einer Behinderung, des Alters[12] und/ oder der sexuellen Identität zu beseitigen und präventiv zu verhindern. Seit der Einführung des AGG sind Arbeitgeber verpflichtet, ein diskriminierungsfreies Arbeitsumfeld zu sichern. Wollen Unternehmen Imageschäden und kostenintensive Klagen vermeiden, müssen sie sich auf die veränderten rechtlichen Anforderungen einstellen. D.h. die Personalprozesse und der Kundenverkehr sind so zu gestalten, dass keine ungerechtfertigten Benachteiligungen bestehen. Gleiches gilt für Belästigungen aufgrund dieser Merkmale. Folgende Bereiche sind u.a. von den Grundsätzen des AGG betroffen: Stellenbeschreibung, Personalbeschaffung, Vergütung, Arbeitsbedingungen, Aus- und Weiterbildung, Personalentwicklung und Beförderung sowie Personalabbau. Stellenanzeige mit Aussagen, wie z.B. „Wir suchen jungen dynamischen Mitarbeiter", verstoßen gegen die Grundsätze des AGG, da ältere und weibliche Bewerber automatisch ausgegrenzt werden. Auch in der Aus- und Weiterbildung ist es unzulässig, Mitarbeiter aufgrund ihres Alters auszugrenzen. Neben den Richtlinien, die den Rahmen für Diversity bilden, sind Trainingsmaßnahmen ein weiterer wichtiger Baustein der Top-down-Einführung. Solche Trainings sind ein bedeutendes Instrument, um Führungskräfte im Umgang mit Vielfalt zu sensibilisieren. Hierbei wird zwischen Awareness-Training und Skill-Building-Training differenziert (vgl. Stuber 2004: 169). Zielsetzung eines Awareness-Workshops ist es, ein Bewusstsein für den Sinn von Diversity zu schaffen, während in den darauf aufbauenden Skill-Building-Workshops entsprechende Fähigkeiten entwickelt und Methoden vermittelt werden. *Awareness-Trainings* gehen von der Annahme aus, dass vielen Organisationsmitgliedern das Ausmaß an Vielfalt im Unternehmen nicht bewusst ist. Deshalb sollen die Teilnehmer in den Workshops (1) informiert werden über die aktuelle und zukünftige Zusammensetzung der Belegschaft, (2) sensibilisiert werden für die bestehende Vielfalt, (3) ihre Werte, Einstellungen und Verhaltensweisen reflektieren und (4) verstehen, wie bedeutsam einerseits Vielfalt ist und

---

12 Siehe § 10 AGG hinsichtl. der zulässigen unterschiedlichen Behandlung aufgrund des Alters.

welche Formen der Benachteiligung versteckt bestehen. So könnten beispielsweise persönliche Überzeugungen und Stereotypen bezüglich Älterer
hinterfragt werden (vgl. Böhne & Wagner 2002: 44). *Skill-Building-Trai-
nings* vermitteln den Teilnehmern konkrete Fähigkeiten und Fertigkeiten,
die für die Zusammenarbeit in einem heterogenen Umfeld notwendig sind.
Hierbei geht es u.a. (1) um die Verbesserung der Kommunikation mit Menschen anderer Kulturzugehörigkeit oder (2) um die Lösung bestehender
Konflikte am Arbeitsplatz. *Mentoring und Coaching* sind ähnliche und dennoch unterschiedliche Beratungskonzepte, deren etymologische Herkunft
bereits differente Bezüge aufweist: In der griechischen Mythologie be-
schützt, erzieht und berät Mentor während des Trojanischen Krieges Tele-
machos, den Sohn des Odysseus. Das Mentoring-Konzept greift diesen pä-
dagogischen Gedanken auf und überträgt ihn auf berufliche Entwicklungs-
prozesse. Der Begriff Coaching leitet sich von Kutsche (engl. Coach) ab. Der
Coach offeriert, bildlich gesprochen, einem Coachee eine Kutsche (z.B. eine
bestimmte Coaching-Methode), um den Coachee an einen anderen Ort zu
begleiten. Während die Expertise eines Coaches darin besteht, in professio-
neller Distanz zu handeln, wird die Professionalität eines Mentors von dessen Anteilnahme und Fürsorge bestimmt mit „Cool head, warm heart and
active hands" (Hilb 1997: 104). Hilb illustriert dieses Prinzip an Praxisbei-
spielen; er interviewte einen Mentor und dessen Mentees. Mentor: „Die
Achtung der Persönlichkeit eines jeden und daher Flexibilität durch ein
möglichst unpolitisches Klima, gut geschulte karrierewillige junge Leute auf
den Weg des Erfolgs zu bringen, sind die unabdingbaren Voraussetzungen
für das Gelingen." (ebd. S. 93) Mentee 1: „Integrität, eine Charaktereigen-
schaft, die Max von Dach [der Mentor, MG] täglich vorgelebt hat." (ebd. S.
77) Mentee 2: „This was Mr. von Dachs' greatest value: trusting his people
and giving them total freedom to get on with the job. " (ebd. S. 78).

Diversity-Einführung: Bottom-up

Bottom-up-Maßnahmen sind zum Beispiel: (1) die bereits beschriebenen
Trainings-, Coaching- und Mentoringmaßnahmen, (2) die Etablierung von
Mitarbeiterkommunikation mit Feedback-Möglichkeiten und/oder (3) die
Bildung von Mitarbeiternetzwerken. Für die *interne Mitarbeiterkommunikation* kommen einerseits Medien zum Einsatz, die in erster Linie Informationen vermitteln, andererseits solche, die einen Austausch anstreben. Dazu
gehören u.a. Poster, Broschüren, Mitarbeiterzeitungen, Firmenfernsehen

sowie das Intra- und Internet. Des Weiteren wird Diversity in einer Organisation durch *Mitarbeiternetzwerke* sichtbar und erlebbar gemacht. „Frauen-, Homosexuellen- oder Migranten-Netzwerke bewirken, dass das jeweilige Vielfaltsthema zur greifbaren Realität wird und vor allem ein Gesicht erhält. Die Netzwerke [...] dienen bei der Diversity-Implementierung als Ansprech- und Projektpartner sowie als Bindeglied in die jeweiligen Communities außerhalb des Unternehmens" (Stuber 2004: 182). Diversity Management bildet den Kontext des folgenden Kapitels, das sich mit einem speziellen Aspekt der Diversität befasst: Der Altersdifferenzierung.

3.2 Age Diversity Management

Wie bereits im 2. Kapitel erläutert, stellt die Alterung der Gesellschaft bis zum Jahr 2050 die markanteste demografische Entwicklung dar, aufgrund derer sich die Altersstruktur umkehren wird. Es ist offensichtlich, dass „kein anderer Diversity-Themenbereich derart tief greifende Konsequenzen mit sich bringen wird. Hieraus leitet sich eine besondere Notwendigkeit ab, diese Vielfaltsfacette gezielt zu berücksichtigen" (Stuber 2004: 45). Vor dem Hintergrund alternder Belegschaften und eines drastischen Rückgangs des Arbeitskräfteangebots wird sich die Lebensarbeitszeit in Zukunft verlängern. Dies impliziert für Unternehmen, dass sie ihre Mitarbeiter durch intensive Weiterbildung bis ins hohe Alter am betrieblichen Prozess beteiligen müssen. Zudem wird die Vereinbarkeit von Berufs- und Privatleben (Work-Life-Balance) eine bedeutende Rolle spielen, da ansonsten eine nachhaltige Produktivität bis zum 67. Lebensjahr kaum denkbar sei. Befürworter von Age Diversity Management versprechen sich durch den bewussten Umgang mit den Unterschiedlichkeiten der Mitarbeiter Wettbewerbsvorteile Die Pro-Argumente für das Diversity Management wurden bereits benannt. Die Argumentation wiederholt sich teilweise, nun jedoch mit dem Fokus auf ältere Mitarbeiter (vgl. Böhne & Wagner 2002: 40 f.).

- *Marketing-Argument:* So sei grundsätzlich anzunehmen, dass sich eine vielfältig zusammengesetzte Arbeitnehmerschaft besser auf die Bedürfnisse und Wünsche des Marktes einstellen kann, zumal dieser von zunehmender Diversität geprägt sei. „Dabei ist auch davon auszugehen, dass die ältere Käuferschicht es als positiv bewertet, wenn das Unternehmen, dessen Dienstleistung man beansprucht oder dessen Produkte man konsumiert, ältere Mitarbeiter wertschätzt und nicht als Problem-

gruppe stigmatisiert" (Böhne & Wagner 2002: 40). Dadurch könne ein
Betrieb in der alternden Öffentlichkeit einen guten Ruf erlangen und
seine Reputation verbessern.

- *Kreativität und Problemlösung:* Mit einer diversen Arbeitnehmerschaft
  sei eine größere Perspektivenvielfalt verbunden, welche wiederum ein
  kreativeres Denken der Gruppe bei Problemlösungsprozessen ermögli-
  che. Ältere und jüngere Mitarbeiter können sich in kreativen Prozessen
  gegenseitig ergänzen, weshalb der Diversity-Ansatz altersheterogene
  Teams ausdrücklich befürwortet. Dadurch werde ein ganzheitlicher Lö-
  sungsprozess ermöglicht, der gleichzeitig gegenseitige Lerneffekte reali-
  siere.

- *Personalmarketing:* Diejenigen Unternehmen, die ihr Bemühen um eine
  personelle Vielfalt in der Öffentlichkeit ausreichend kommunizieren,
  seien im Wettbewerb um die besten Arbeitskräfte aus den unterschiedlichsten gesellschaftlichen Gruppen erfolgreicher. Durch Age Diversity
  Management verbessere sich das Image des Unternehmens auf dem Arbeitsmarkt und es werde davon ausgegangen, dass besonders qualifizierte Bewerber die proaktiven Unternehmen bevorzugen.

- *Flexibilität:* Durch eine stärkere Heterogenität könne die Veränderungs-
  resistenz stark homogen geprägter Unternehmenskulturen aufgebro-
  chen werden. Dadurch werde die organisationale Flexibilität gesteigert.
  „Geschwindigkeit ist in Zeiten der schnellen Veränderungen für eine Organisation überlebenswichtig" (Böhne/Wagner 2002: 43).

Die folgenden Teilkapitel greifen zentrale Aspekte des Themas Alter auf. Im
Teilkapitel 3.2.1 werden zunächst unterschiedliche Generationsmerkmale
als thematische Rahmung benannt, um die unterschiedliche Orientierung
der Generationen zu verdeutlichen. Im Teilkapitel 3.2.2 werden sodann
verschiedene Altersbegriffe und Alterssichtweisen unterschieden. Alter ist
nicht gleich Alter. Aus diesem Grund ist die Gesundheitsorientierung der
Unternehmen, die in Teilkapitel 3.2.3 beschrieben wird, von erheblicher
Bedeutung für den Alterungsprozess. Die Relevanz altersorientierter Maßnahmen wird bestätigt durch die Ergebnisse kognitionspsychologischer
Untersuchungen, die Gegenstand des Teilkapitels 3.2.4 sind. Die Lebensführung, die Arbeitsbedingungen und -prozesse sowie die Teilhabe an Weiterbildung können die in Kapitel 3.2.4 beschriebene „Plastizität" positiv fördern, weshalb die Beteiligung Älterer an formalen und informellen Lern-
prozessen im Teilkapitel 3.2.5 nochmals gesondert betrachtet wird. Ob die
beschriebenen Aspekte Eingang finden in den Unternehmensalltag, ist wie-

derum eine Frage der Ausrichtung des internen Personalmanagements (Teilkapitel 3.2.6). Oftmals bestehen Negativsichtweisen von Alter im Personalmanagement bzw. die Defizitorientierung bestätigt im Sinne einer sich selbst erfüllenden Prophezeiung ihre eigene Prognose. Dass diese Annahmen unberechtigt sind, bestätigt eine Alterskompetenzstudie, deren Ergebnisse in Teilkapitel 3.2.7 vorgestellt werden.

3.2.1 Generationsmerkmale

Voelpel, Leibold und Früchtenicht (2007: 109) unterscheiden vier Generationen seit 1946 und skizzieren diese mit generationstypischen Merkmalen (siehe Tabelle 6). Die Beschreibung ist holzschnittartig, plakativ und erhebt keinen Anspruch auf uneingeschränkte Gültigkeit. Sie macht jedoch deutlich, wie sich von Generation zu Generation Werthaltungen verändern mit veränderten Selbst-, Sozial-, Arbeits- und Umweltbezügen.

Tabelle 6: Generationsmerkmale

Veteranen (vor 1946)	Langes Innehaben einer Anstellung, Respekt für Hierarchien und Autoritätspersonen, bevorzugen klare Strukturen und Regeln, besitzen eine starke Arbeitsethik und Disziplin, Loyalität und Verlässlichkeit, Qualitätsbewusstsein, nicht sehr flexibel
Baby-Boomer (1946–1964)	Skeptisch gegenüber Autoritäten, ergebnisgetrieben und ambitioniert, haben längerfristige Pläne im Unternehmen, agieren gestalterisch, behalten leicht das Gelernte, idealistisch und wettbewerbsorientiert, kollegial und konsensorientiert, optimistisch, Neigung zu Diskussionen
Generation X (1964–1981)	Leichter Umgang mit Diversität, individualistisch und wertfrei, Drang nach Freiheit und Informalität, skeptisch, nur kurzfristig loyal, gute Teamarbeiter und Netzwerker, begrüßen neue Technologien, suchen Balance zwischen Arbeit und Freizeit, lernen schnell
Generation Y (nach 1981)	Leichter Umgang mit Diversität, selbstbewusst und individualistisch, nur kurzfristig loyal, lernen schnell, offen für Veränderungen und technologieorientiert, Unzufriedenheit wird schnell geäußert, Ablehnung gegenüber Routine, benötigen Leitung

Quelle: Voelpel, Leibold & Früchtenicht 2007: 109

Unterschiede zwischen den Generationen bestehen oftmals in der Einstellung zur Arbeit und zu Autoritätspersonen, in der Erwartungshaltung, in der Kommunikation, in den Lerngewohnheiten, der Aufgeschlossenheit gegenüber neuen Technologien sowie der Akzeptanz neuer Methoden und Praktiken (vgl. ebd., 110). Deutlich hierbei wird, dass altersorientierte Maßnahmen weit umfassender angelegt sein müssen, als allein ein biologisches Verständnis von Alter erwarten ließe.

3.2.2 Vielfalt des Alters

„Das Alter ist gleichzeitig ein körperliches, psychisches, soziales und geistiges Phänomen" (Baltes 2007: 15). Die Einteilung in Altersgruppen wird allerdings meist vereinfachend nach dem Geburtsdatum vorgenommen, um Alterskohorten zu bestimmen. Wirtschaftliche, politische, ökologische und gesellschaftliche Entwicklungen prägen individuelle Biografien und führen zu Unterschieden zwischen und Gemeinsamkeiten innerhalb der Kohorten. In den Industrienationen markiert in der Regel der Zeitpunkt des Renteneintritts die Schwelle zum Altsein. Dies führt zu der paradoxen Entwicklung, „dass aufgrund bestehender Frühverrentungstrends trotz einer faktischen Erhöhung der Lebenserwartung, die Menschen immer früher als alt eingestuft werden" (Pohlmann 2004: 12). Die Zeit des Alters ist wiederum weiter aufzugliedern. Pohlmann unterscheidet z.B. (1) 60–75-Jährige (junge Alte), (2) 75–90-Jährige (Alte), (3) 90–100-Jährige (Hochbetagte) sowie (4) über 100-Jährige (Langlebige). Die chronologische Sichtweite (junge Junge, alte Junge, junge Alte, alte Alte) betont die *biologische Seite des Alters*, wobei von einem stetigen und kontinuierlichen Alterungsprozess ausgegangen wird und, gleichwohl die physische Entwicklung gemeint ist, ist dieser Altersprozess immer auch gesellschaftlich konnotiert und strukturiert.

In jeder Gesellschaft existieren tradierte Altersrollen, die mit bestimmten Erwartungen und Verhaltensregeln verbunden sind – sie bestimmen das *soziale Alter*. Das soziale Alter folgt gesellschaftlichen Werten und Normen. Auf dieser Basis wird bewertet, ob eine Person jung oder alt ist. Artefakte, wie Kleidung, Familienstand, Habitus und Erscheinungsbild, steuern hierbei die Zuordnung. Darüber hinaus ist für das soziale Alter die Gruppenzugehörigkeit entscheidend. Abhängig von der jeweiligen Gruppe können die Zuschreibungsmerkmale stark variieren und in der betrieblichen Praxis werden bereits Beschäftigte ab Anfang 40 als „Ältere Arbeitnehmer" bezeichnet (vgl. Wenke, Reglin & Stahl 1996: 45).

Die Annahme der kontinuierlichen biologischen Alterung sowie der sozialen Konnotation ist einerseits plausibel, da biologische Alterserschei-
nungen schleichend erfolgen und der soziale Code allgegenwärtig ist. Andererseits bestehen auch Diskontinuitäten im Alterungsprozess: Dazu gehören die so genannten „critical life events". Bestimmte plötzliche Ereignisse
(z.B. ein Krankenhausaufenthalt, berufliche Rückschläge, Tod eines Ange-
hörigen) können die subjektive Einschätzung vom eigenen Altern drastisch
verändern, weshalb weitere Unterscheidungen notwendig sind. „Man ist so
alt, wie man sich fühlt!" „Im Herzen jung geblieben." Diese Aussagen um-
schreiben das *psychische Alter*. Der Alterungsprozess ist von biologischen
Bedingungen, sozialen Zuschreibungen und der eigenen Selbsteinschätzung
abhängig: Altern ist immer auch ein individueller Prozess. Das gefühlte Alter ist variabel. Ein wichtiger Aspekt des psychischen Alters ist, dass ein positives Selbstkonzept entscheidende Effekte auf die Alterszufriedenheit hat.
In diesem Kontext spielt auch der vorherrschende gesellschaftliche Ju-
gendmythos eine Rolle. Vor gut vier Jahrzehnten war der Erwachsene noch
ein Mensch zwischen 25 und 65 Jahren. Während die Jugend auf das Er-
wachsenendasein vorbereiten sollte, war das Alter die in den Hintergrund
gedrängte Zeit des „Danach". Dagmar Lennartz kritisiert, dass der Erwachsene von heute kein eigenständiges Profil mehr hat, sondern nur die zwei
Imagebilder „Jugendlichkeit" und „Senilität" existierten und es zur verbor-
genen sozialen Norm gehöre, sich bis ins Alter jung zu fühlen. Diese
„Übernahme der Erlebnis- und Erfolgsnormen der Jugend führt die, die
nicht mehr jung, aber auch noch nicht alt sind, auf andere Weise zur Ent-
fremdung von sich selbst" (Lennartz 1996: 24).

Alter(n) ist zudem ein geistiges Phänomen. „Je älter wir werden, umso
mehr benötigen unsere Aktivitäten den Kopf, den Geist, damit sie ablaufen
können" (Baltes 2007: 22). Das Körperliche wird zu einer „immer teurer
werdenden Hypothek des Geistes" (ebd.). Einerseits kann durch körperliches Training diese „Hypothek" reduziert werden, womit mehr Geist für
anderes zur Verfügung steht. Andererseits können geistiges Training und
geistige Haltung körperliche Entwicklungen bis zu einem gewissen Grad
kompensieren. Die Theorie der selektiven Optimierung durch Kompensation (SOK) greift diesen Aspekt auf. Zur Illustration zitiert Baltes oftmals eine
Aussage des 80-jährigen Pianisten Rubinstein. „Auf die Frage, wie er es
schaffe, im Alter weiterhin ein solch hervorragender Konzertpianist zu sein,
führte er drei Gründe an: Er spiele weniger Stücke (ein Beispiel für Selektion), diese übe er jedoch häufiger (ein Beispiel für Optimierung); außerdem

nutze er größere Kontraste im Tempo des Spiels, um sein Spiel schneller erscheinen zu lassen, als er objektiv gesehen zu spielen noch in der Lage sei (ein Beispiel für Kompensation)" (ebd.: 20). Einerseits sind physisches, soziales, psychisches und geistiges Alter analytisch deutlich unterscheidbar. Die Beschreibung dürfte jedoch deutlich gemacht haben, dass zwischen diesen Altersformen hohe Interdependenzen bestehen und Altern ein sowohl hoch variabler als auch hoch plastischer Prozess ist. Beispielsweise gibt es einen etwas unter Zehnjährigen und einen über 70-Jährigen, die mit einer Zeit von ca. drei Stunden beim Berlinmarathon 2005 27.000 der 28.000 Personen hinter sich gelassen hätten (ebd.: 21).

3.2.3 Gesundheit und Vitalität

Laut Mikrozensus bezeichneten sich 8,4 % der befragten 15- bis 40-Jährigen und 12,1 % der befragten 40- bis 65-Jährigen als krank (siehe Abbildung 6).

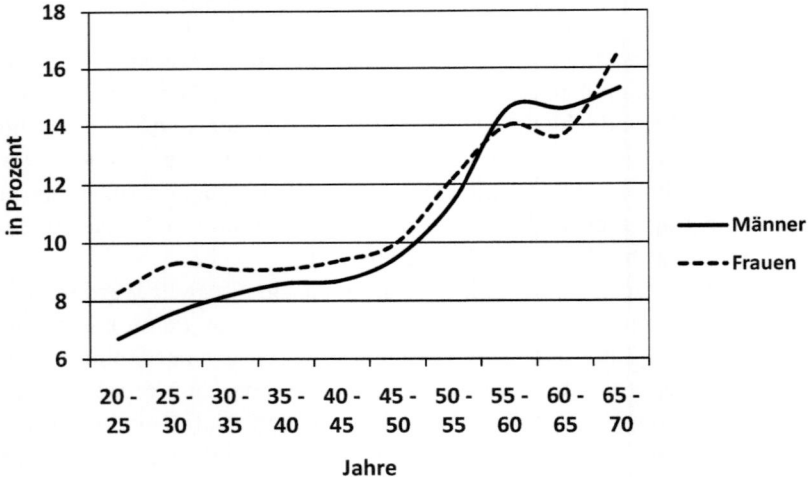

Abbildung 6: Personen mit gesundheitlicher Beeinträchtigung
Quelle: Eigene Darstellung, Statis 2006c: Tabelle 43

Umgekehrt ist die Entwicklung bei der Anzahl der Unfälle: diese nimmt mit zunehmendem Alter leicht ab. Als unfallverletzt bezeichneten sich 0,7 % der 20- bis 35-Jährigen, 0,6 % der 35- bis 50-Jährigen und 0,5 % der 50- bis 65-Jährigen. Wird die Unfallursache mitbetrachtet, dann ereignen sich

28,3% der Unfälle im Alter zwischen 15 und 40 Jahren am Arbeitsplatz, während es im Alter zwischen 40 und 65 Jahren 45 % sind. Ältere haben am Arbeitsplatz tendenziell mehr Unfälle als Jüngere. Verschärfend kommt hinzu, dass 35,2 % der 40 bis 65-Jährigen im Falle einer Krankheit über ein Jahr krank sind (Statis 2006c, Tabelle 45). Voelpel, Leibold und Früchtenicht stellen hingegen die These auf, Arbeitnehmer über 55 Jahren seien „im Allgemeinen nicht anfälliger für Verletzungen am Arbeitsplatz und sind auch nicht öfter krank." (Voelpel, Leibold, Früchtenicht 2007, S. 172). Die Daten des Mikrozensus widerlegen diese Aussage. Verschärfend kommt hinzu, dass die Krankheitsdauer bei Älteren entweder sehr kurz oder sehr lang ist (vgl. Abbildung 7).

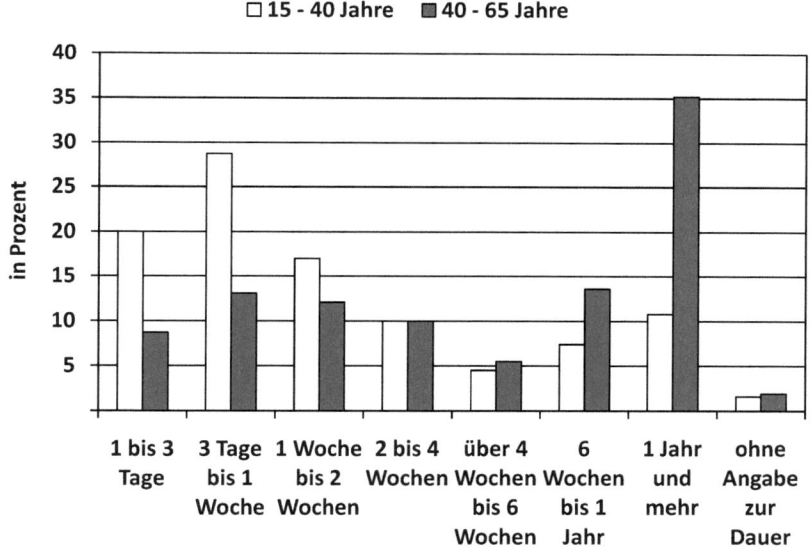

Abbildung 7: Dauer der Krankheit/Unfallverletzung nach Alter
Quelle: Eigene Darstellung, Statis 2006c: Tabelle 45

Häufigster Krankheitsgrund sind bei Älteren insbesondere Muskel- und Skeletterkrankungen, die im Wesentlichen auf Rückenleiden zurückgehen. Eine gezielte Prophylaxe könnte der Chronifizierung von Rückenleiden vorbeugen. Bewegung, Gewichtsreduktion und Raucherentwöhnung sind wiederum wichtige vorbeugende und therapiebegleitende Maßnahmen.[13] Älte-

---

13 BKK Faktenspiegel, Schwerpunktthema Krankenstand, 2006, S. 4, http://www.bkk.de.

ren Arbeitnehmer wurde die Frage gestellt, was sie sich wünschten (siehe Tabelle 7). Der Gesundheitsaspekt wurde in dieser Untersuchung besonders häufig genannt: Im vorderen Bereich rangieren im Einzelranking Rentenversorgung sowie ein umfassendes Vergütungspaket, das die Leistungen der gesundheitlichen Vor- und Fürsorge beinhaltet. (vgl. Voelpel, Leibold, Früchtenicht 2007: 115). Werden die Einzelantworten zu Klassen zusammengefasst, ergibt sich eine etwas andere Prioritätenliste: In diesem Fall stellt der Arbeitsinhalt den bedeutendsten Faktor dar, gefolgt von Sicherheit und Vorsorge, der Arbeitsumgebung sowie Fragen der Vergütung (vgl. Tabelle 7). Gesundheit kann eingeschränkt als physisch-körperlicher Zustand betrachtet werden. Dieses eingeschränkte Verständnis entstammt allerdings einer (vor-)industriellen Zeit mit hoher Ausrichtung auf körperliche Aspekte von Arbeit. In der u.g. Liste sind Elemente angesprochen, die im Kontext eines umfassenden Gesundheitsbegriffs zu sehen sind. Ein solches Verständnis umfasst physische, mentale und emotionale Aspekte von Gesundheit im Zusammenwirken von Mensch und Umwelt.

Tabelle 7: Wünsche älterer Arbeitnehmer

Kategorie	Arbeitsbezogene Elemente	Prozent
Arbeitsinhalt (33 %)	Arbeit, die mich fordert und Lernen ermöglicht	13
	Interessante und stimulierende Arbeit	12
	Für die Gesellschaft nützliche Tätigkeit	8
Sicherheit und Vorsorge (30 %)	Umfassende Rentenvorsorge	16
	Umfassendes Vergütungspaket	14
Arbeitsumgebung (25 %)	Angenehmer Arbeitsplatz	8
	Flexible Arbeitszeiten	7
	Flexibler Arbeitsplatz	5
Vergütung (11 %)	Zehn Prozent mehr Gehalt	6
	Zwei Wochen zusätzlicher Urlaub	5

Quelle: Eigene Darstellung in Anlehnung an Voelpel, Leibold, Früchtenicht 2007: 116

Rosenbrock (2004: 63) nennt fünf Interventionsfelder zur Gestaltung einer gesundheitsförderlichen Arbeitssituation.

1. Arbeitsmittel und Arbeitsumgebung

U.a. altersgerechte Gestaltung der Arbeitsumgebung unter Berücksichtigung der individuellen Konstitution sowie sichere und ergonomisch gestaltete Arbeitsmittel.

2. Arbeitsorganisation

U.a. Transparenz der Arbeitsabläufe, Erweiterung von Handlungs- und Entscheidungsspielräumen durch die Integration von planenden, ausführenden, steuernden und kontrollierenden Tätigkeiten, Vermeidung störender Arbeitsunterbrechungen, Arbeitszeit- und Pausenzeit-Regelungen.

3. Sozialbeziehungen

U.a. offene und flache Kommunikationswege, möglichst geringe Führungsspannen, Konfliktlösung, transparente Anreizsysteme (Entlohnung, Bonus) und soziale Anerkennung, Vertrauenskultur.

4. Individuelle Anpassung und Förderung

U.a. Qualifizierung für gegenwärtige und zukünftige Tätigkeiten, Training, individuelle Gesundheitsförderung.

5. Unterstützendes Umfeld beim Umgang mit Gesundheit und Krankheit

U.a. Beschwerden an- und ernst nehmen, work life balance, Beratungseinrichtungen, Sozialdienste.

Rosenbrock fordert angesichts dieses notwendigen Instrumentariums eine Abkehr vom bisherigen Interventionstyp: Der Arbeitsschutz sei traditionell überwiegend reaktiv, expertenorientiert, zentralistisch, staatlich-hoheitlich und überbetrieblich flächendeckend ausgerichtet. Der neue und notwendige Interventionstyp sei hingegen „dezentral, betrieblich, d.h. betriebsindividuell und dialogisch angelegt, auf Partizipation der Betroffenen bezogen und darauf zielend, Probleme aus [dem] Bereich Arbeit und Gesundheit als integrierte Aufgabe der Unternehmensstrategie zu etablieren" (ebd., 68f.). Notwendig wäre eine Kultur der Partizipation und Prävention, die Gesundheit nicht als Abwesenheit von Krankheit und Krankheit nicht als individuellen körperlichen Defekt interpretiert, sondern Gesundheit versteht als kontextbezogene physische, mentale und emotionale Vitalität der Arbeitnehmer in einer vitalen Organisation. Dieses umfassende Verständnis von Arbeitsfähigkeit liegt dem Work Ability Index (WAI) des Finish Institute of Occupational Health (FIOH) zu Grunde. Das FIOH hat in einer Längsschnittstudie (1981–1992) untersucht, wie sich die Arbeitsfähigkeit von 6257 Beschäftigten im Alter von 45 bis 58 Jahren innerhalb von 11 Jahren verändert. Auf Basis dieser Untersuchung entstand ein Inventar zur Bewertung der Arbeitsfähigkeit – der Work Ability Index. Mithilfe des Fragebogens kann einerseits der Ist-Arbeitsfähigkeitsstand einer Belegschaft erhoben werden und andererseits wird dem WAI eine hohe prädiktive Aussagekraft bescheinigt (Tuomi et al. 2001). Der Fragebogen umfasst sieben Bereiche zur Selbstauskunft (vgl. Tab. 8).

Tabelle 8: Work Ability Index (WAI)

	Dimension	Anzahl der Fragen
1	Derzeitige Arbeitsfähigkeit im Vergleich zu der besten je erreichten Arbeitsfähigkeit	1
2	Bewältigung der derzeitigen Anforderungen in der Arbeit (Psychische und physische Arbeitsfähigkeit)	2
3	Anzahl der aktuell vom Arzt diagnostizierten Erkrankungen	1 aus Liste von 51 Krankheiten
4	Geschätzte Beeinträchtigung der Arbeitsleistung durch die Krankheiten	1
5	Krankentage im vergangenen Jahr	1
6	Einschätzung der eigenen zukünftigen Arbeitsfähigkeit in 2 Jahren	1
7	Psychische Einstellung und Befindlichkeit	3

Quelle: Hess-Gräfenberg 2004: 167

Das WAI ist geeignet sowohl für die betriebliche Epidemiologie als auch für die individualmedizinische Beratung und wird zunehmend bedeutsam im Rahmen der betrieblichen Gesundheitsförderung (vgl. Schauer 2006).

3.2.4 Pragmatische und mechanische Intelligenz

In frühen Untersuchungen der 1920er und 1930er Jahre und selbst in Studien bis weit in die 1950er Jahre (vgl. Wechsler 1944, Kay 1959) wurde angenommen, dass die kognitive Leistungsfähigkeit, die mit eindimensionalem Intelligenztest ermittelt wurde, mit zunehmendem Alter abnimmt. „Diese Kurve ist derart populär geworden, dass sie vielleicht an dem generellen Defizit-Modell des Alterns nicht ganz unschuldig ist und sicher zu manchen negativen Einstellungen und verallgemeinernden Aussagen geführt hat." (Lehr 2007: 51) Seit Beginn der 1950er Jahre wurde mit umfassenderen Untersuchungen dieses pauschale Defizit-Modell wiederholt widerlegt, gleichzeitig scheint ungeachtet dessen das Vorurteil in einzelnen Bereichen der Bevölkerung fortzubestehen.

(1) In den frühen Untersuchungen verfügten die älteren Teilnehmer im Durchschnitt über eine geringere Schulbildung als die jüngeren. Wurde hingegen auf eine vergleichbare Dauer des Schulbesuchs in den Vergleichsgruppen geachtet, dann war der Altersunterschied von untergeordneter Bedeutung (vgl. Birren & Morrison 1961).

(2) Während bis in die 1950er Jahre mit Querschnittsstudien gearbeitet wurde, werden in den neueren Untersuchungen die Stichproben im Längsschnitt untersucht mit u.a. dem Ergebnis, dass nur diejenigen Funktionen einen besonderen Rückgang aufweisen, die wenig altersrelevant waren und deshalb nicht trainiert wurden und Verluste erst ab dem 70. Lebensjahr beginnen (vgl. Schaie 1995).

(3) Die frühen Untersuchungen gingen von einem Einheitskonzept der Intelligenz aus. In späteren Untersuchungen konnten hingegen alterbeständige und altersabhängige Formen der Intelligenz unterschieden werden. Mitte der 1960er Jahren führte Cattell erstmals den Unterschied fluide sowie kristalline bzw. kristallisierte Intelligenz ein (Cattell 1963, Horn & Cattell 1966, Cattell & Horn 1978, Cattell 1987). Fluide Intelligenz repräsentiert die biologisch regulierte gehirnphysiologische Effizienz, beispielsweise in Form der Verarbeitungsgeschwindigkeit, während die erfahrungsregulierte kristalline bzw. kristallisierte Intelligenz kulturell erworben ist, sich im Lebensgang entwickelt und erst spät (zwischen dem 50. und 70. Lebensjahr) altersbedingt verringert.

Baltes et al. (1984) greifen diese Unterscheidung auf, verwenden allerdings die Begriffe kognitive Mechanik (=fluid) und kognitive Pragmatik (=kristallin). „Unter kognitiver Mechanik verstehen wir gewissermaßen die biologisch-evolutionär vorgeprägte Hardware des Gehirns; ihre Leistungsfähigkeit äußert sich beispielsweise in der Geschwindigkeit, und Präzision, mit der grundlegende Prozesse der Informationsverarbeitung ablaufen, und in basalen Wahrnehmungsfunktionen ebenso wie in elementaren Prozessen des Unterscheidens, Vergleichens und Klassifizierens" (Baltes et al. 1995: 52). Beispiele der kognitiven Pragmatik sind sozial vermittelte Strategien und Fertigkeiten, wie Lesen, Sprache und Schreiben, das Wissen über sich selbst sowie berufliche Fähigkeiten und Fertigkeiten. Analytisch sind die zwei Intelligenzformen unterscheidbar. Funktional ist die mechanische Intelligenz allerdings am Aufbau pragmatischer Intelligenz beteiligt, während durch Erfahrungswissen Defizite in der Mechanik kompensierbar sind (z.B. durch Kenntnis und Anwendung von Lern- und Denkstrategien) mit dem Effekt, dass Intelligenz nicht statisch, sondern plastisch ist. Während die mechanische Intelligenz im Alter abnehme, könne die pragmatische Intelligenz bis ins hohe Alter wachsen bzw. erhalten bleiben (vgl. Abbildung 8).

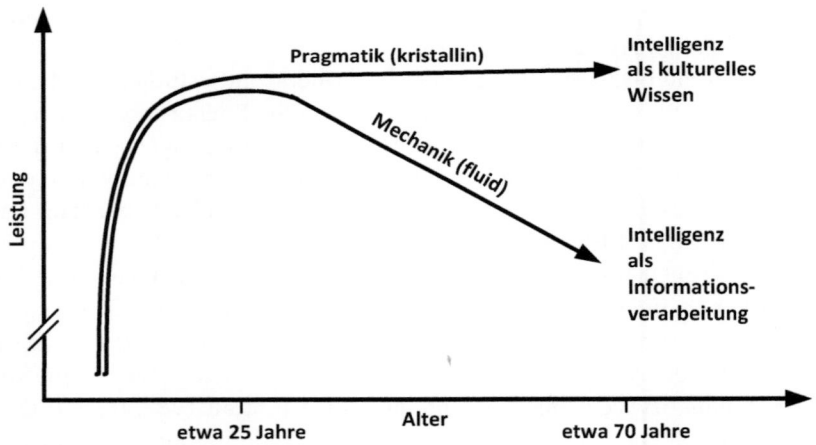

Abbildung 8: Zwei-Komponenten-Modell der Intelligenz
Quelle: Eigene Darstellung, in Anlehnung an Baltes et al. 1995: 54

In einer empirischen Untersuchung zur Konstanz und Abnahme mechanischer bzw. pragmatischer intellektueller Fähigkeiten und Fertigkeiten konnte diese Annahme bestätigt werden. Während Wahrnehmungsgeschwindigkeit, Denkfähigkeit, Merkfähigkeit sowie die sensorischen Fähigkeiten ab dem jungen und mittleren Erwachsenenalter in negativer Beziehung zum Alter stehen, sind bei den pragmatischen Fertigkeiten Wissen und Wortflüssigkeit erst ab dem ca. 70. Lebensjahr negative Beziehungen zum Alter feststellbar (vgl. Abbildung 9).

Im Bereich der pragmatischen Intelligenz sind ältere Arbeitnehmer den jüngeren i.d.R. überlegen, da diese Intelligenz die im Laufe des (Berufs-) Lebens erworbenen Erfahrungspotenziale meint. Die Lebenserfahrung hilft Älteren, „Defizite im körperlichen oder im Bereich der fluiden Intelligenz auszugleichen. Dadurch sind Individuen in der Lage, auch noch im hohen Alter nicht nur durchschnittliche, sondern herausragende Leistungen zu erbringen" (Grauer 1998: 46).

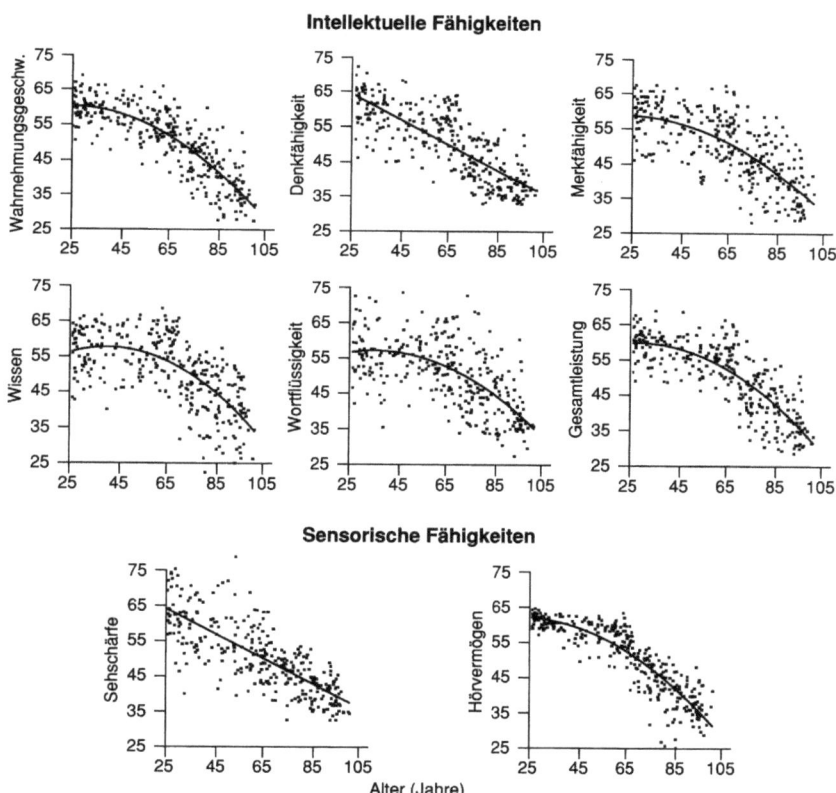

Abbildung 9: Intellektuelle und sensorische Fähigkeiten
Quelle: Lindenberg & Kray, 2005: 300, nach Lindenberg & Baltes, 1997

Im Alter können das Erinnern an Details sowie das Lernen allgemein mehr Zeit beanspruchen. Beschleunigt wird der Prozess des Alterns durch monotone berufliche Anforderungen – auch im Sinne von Unterforderung – über einen längeren Verlauf hinweg, wobei die Person sozusagen lernentwöhnt wird bzw. das Lernen verlernt. Die negative Entwicklung der mechanischen Intelligenz kann jedoch durch kontinuierliche Trainingsmaßnahmen verlangsamt werden (vgl. Behrend 2002: 20). Diese Plastizität der Intelligenz bleibt i.d.R. bis ins hohe Alter erhalten (vgl. Baltes & Schaie 1976). Die Seattle-Längsschnittstudie zum Altern der Intelligenz konnte dies eindrucksvoll nachweisen.

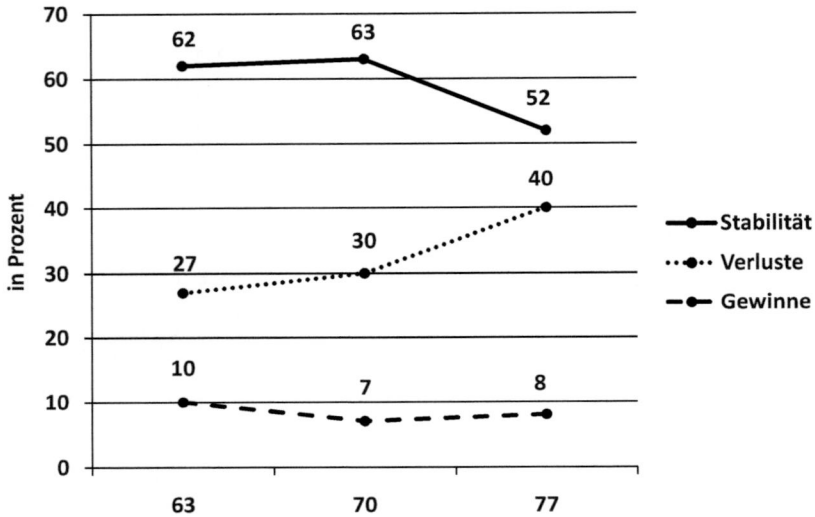

Abbildung 10: Ergebnisse der Seattle-Längsschnittstudie
Quelle: Eigene Darstellung, Baltes & Baltes 1994: 15

Menschen altern verschieden und unterschiedlich. Im Alter von z.B. 71 Jahren zeigen noch 7 Prozent der Untersuchten einen Leistungszuwachs in Intelligenztests, 63 Prozent sind in ihren Leistungen im Vergleich zum letzten Erhebungszeitpunkt stabil und nur 30 Prozent zeigen einen Abbau (vgl. Abbildung 10). Die interindividuelle Variabilität ist so hoch, dass bislang kein Prädiktor für das Altern gefunden werden konnte. Zudem betrifft die Variabilität sowohl biologische, psychische als auch soziale Facetten des Alter(n)s, sodass der relative Einfluss unterschiedlicher Lebensbedingungen von erheblicher Bedeutung ist. Hinzu kommt, dass pathologische Ereignisse und Episoden das „normale" Altern massiv überlagern und die Unterschiede in den Anlage- und Umweltbedingungen vermutlich kumulativ wirken und sich deren Effekte mit gelebter Lebenszeit somit vergrößern (vgl. Baltes & Baltes, ebd.).

(4) Untersuchungen im Rahmen der Expertiseforschung ergaben sogar, dass der moderierende Einfluss von Intelligenz auf die Entwicklung von Expertise gering ist (Schneider 1992) bzw. weitgehend ausgeschlossen werden kann (Ericsson & Crutcher 1990). Entscheidend sei vielmehr das bereichsspezifische (Vor-)Wissen. In Übereinstimmung mit diesen Befunden haben Arbeiten zur Entwicklung weisheitsbezogenen Wissens und Könnens im Gegensatz zu den psychometrischen Intelligenztests ergeben, dass ein Altersabbau nicht feststellbar ist und unter bestimmten Bedingungen sogar eine Leistungsüberlegenheit der Älteren besteht (Staudinger & Baltes 1996).

Eine Kopplung von Pensionsregeln an das chronologische Alter erscheint deshalb unsinnig und verkennt, dass die Gestaltung von Lebens- und Arbeitsbedingungen erheblichen Einfluss auf die Variabilität der Intelligenz hat, genauso wie die Anwendung bürokratischer Pensionsregeln geradezu kontraproduktiv wirksam sein kann gemäß dem Thomas-Theorem: „If men defines situations as real, they are real in their consequences."

3.2.5 Weiterbildung und Weiterbildungsbeteiligung

Das Fraunhofer-Institut für System- und Innovationsforschung führt seit 1993 im Abstand von zwei Jahren Erhebungen zu Innovationen in der Produktion durch. An der Erhebungsrunde 2003 beteiligten sich 1.450 Betriebe der Metall- und Elektrogüterindustrie sowie der Chemischen und Kunststoffverarbeitenden Industrie Deutschlands (Rücklaufquote 11 %). Die Erhebung ergab, dass lediglich 5 bis 7 % der Betriebe über personenunabhängige Strukturen und Instrumente verfügen, auf die sich betriebliche Innovationskompetenz in den betrachteten drei Innovationsfeldern Produktinnovation, Prozessinnovation sowie Reorganisation stützt. „In allen drei untersuchten Innovationsfeldern setzt die überwiegende Mehrheit der Betriebe auf individuelle Fähigkeiten einzelner oder weniger Mitarbeiter" (Armbruster et al. 2007: 82). Ähnliche Ergebnisse ließen sich sicherlich in anderen Branchen finden. Dieses Ergebnis überrascht, da Deutschland nach einer vergleichenden Analyse des Maastricht Economic Research Institute (MERIT) in Zusammenarbeit mit dem Joint Research Centre (Institute for the Protection and Security of the Citizen) neben Schweden, der Schweiz,

Finnland, Dänemark und Japan zu den „innovation leaders" zählt.[14] Eine ausschließlich jugendzentrierte Personal- und Weiterbildungspolitik läuft jedoch Gefahr, diese Kompetenzbasis zu verspielen. Produkt-, Prozessinnovationen und Reorganisation werden zukünftig von einer alternden Belegschaft zu bewältigen sein. „Die am kurzfristigen Ertrag orientierte Sichtweise, nach der Ältere über kurz oder lang sowieso ‚nicht mehr gebraucht' werden [...], kann sich mittelfristig also als Risiko für die Unternehmen und ihre Zukunftssicherung erweisen" (Severing 1996: 104).

Ältere Arbeitnehmer werden nicht nur defizitorientiert als Adressaten von Weiterbildungsangeboten angesehen, sondern ihr Part als Akteure im Kontext einer betrieblichen Lern- und Arbeitsgemeinschaft wird nunmehr Gegenstand einer ressourcenorientierten Weiterbildungsperspektive, die betrieblich-organisationale sowie gesellschaftlich-strukturelle Bedingungen gleichermaßen mitdenkt. Im Sinne eines lebenslangen Lernens ist eine permanente Weiterbildung erforderlich, die die gesamte Erwerbsbiografie umfasst – nicht zuletzt aus dem Grund, dass das Lernen im Laufe der Jahre nicht verlernt wird (vgl. Bellmann & Leber 2002: 96). So wird im Hinblick auf ältere Mitarbeiter vor allem der informellen Weiterbildung eine besondere Bedeutung beigemessen, da diese Qualifizierungsform die Kontinuität des Lernens sichert und im Arbeitsprozess eingebettet ist. Darüber hinaus ist ein unmittelbarer Bezug zur Praxis gegeben. Die Implementierung von informellen Lernformen setzt lernförderliche Arbeitsstrukturen bzw. Lernpotenziale am Arbeitsplatz voraus. Bellmann und Leber nennen als Beispiel den Aufbau altersheterogener bzw. altersgemischter Teams. Hierin bestehen in der Tat ein beträchtliches Lernpotenzial, ein gegenseitiges „Geben und Nehmen": Die Älteren können am aktuellen theoretischen Wissen der Jüngeren teilhaben und die Jüngeren profitieren vom Erfahrungswissen der Älteren (vgl. Bellmann & Leber 2002: 96).

Ältere Arbeitnehmer lernen anders als jüngere. Nicht nur, dass sie neue Wissensinhalte mit einer Fülle alter Erfahrungen abgleichen, „es treten zudem in der Anfangsphase von Qualifizierungen häufiger motivationale und intellektuelle Lernrestriktionen auf, die aus manchmal jahrelanger Lernentwöhnung herrühren" (Severing 1996: 107). In der Praxis existieren bereits Konzepte, die speziell für die Weiterbildung älterer Arbeitnehmer entwickelt wurden und gute Erfolge erzielt haben. Eines dieser Projekte war auf die Qualifizierung älterer Sachbearbeiter in EDV-gestützter Aufga-

---

14 http://www.proinno-europe.eu/doc/EIS2006_final.pdf

benerledigung ausgerichtet. Mittels EDV-Software sollte das selbst ge-
steuerte Lösen komplexer Problemstellungen am Arbeitsplatz gefördert
werden. Dazu wurden Lehrmaterialen konzipiert, die einen unmittelbaren
Praxisbezug haben und gleichzeitig auf die Voraussetzungen und Lernstile
der Älteren eingehen (vgl. Straka, Lödige-Röhrs & Friedrich 1992). Hinsichtlich der Beteiligung an Weiterbildung zeigt sich, dass der durchschnittliche
Stundenaufwand für berufliche Weiterbildung von 2000 bis 2003 in der Altersgruppe 19–34 Jahren mit durchschnittlich 38 Stunden in 2000 und 37
Stunden in 2003 nahezu konstant blieb, während die Weiterbildungsaktivität in der Altersgruppe 35–49 Jahren (43 Stunden in 2000; 28 Stunden in
2003) sowie in der Altersgruppe 50–64 Jahren (16 Stunden in 2000; 8
Stunden in 2003) hoch signifikant abnahm (vgl. BMBF 2006, S. 98). „Berufliche Weiterbildung scheint eine instrumentelle Investition für die Erhal-
tung von Erwerbsarbeit zu sein und nicht der Rationalität zu folgen, qualifizierte Tätigkeiten auch über die Altersgrenze hinaus ausüben zu wollen."
(Staudinger & Baumert 2007: 256) Zimmermann und Schapfel-Kaiser
(BIBB, Bonn) vertreten die These: „Die Forderung nach Maßnahmen zur
Weiterbildung Älterer wird meist mit deren geringer Weiterbildungsbeteiligung begründet. Diese ist jedoch nach unseren Erkenntnissen und Ergebnissen weniger dramatisch, als sie in den Medien dargestellt und diskutiert
wird." (Zimmermann & Schapfel-Kaiser 2007:45).

Die Autoren stützen ihre These auf Daten des Berichtssystems Weiterbildung IX und hierbei auf die bestehende Differenz zwischen der Weiterbildungsbeteiligung der Altersgruppen und der Weiterbildungsbeteiligung
der Erwerbstätigen. Hinsichtlich der Weiterbildungsbeteiligung der Altersgruppen der 35- bis 49-Jährigen sowie der 50- bis 64-Jährigen besteht eine
Differenz von 14 Prozent, während die Differenz zwischen der Weiterbildungsbeteiligung der Erwerbstätigen dieser Altersgruppen 6 % beträgt.
„D.h. der Abstand hat sich von 14 % auf 6 % reduziert." (ebd.) Damit, so die
Schlussfolgerung der Autoren, sei die Weiterbildungsbeteiligung älterer Arbeitnehmer weniger dramatisch, als in den Medien dargestellt und diskutiert (vgl. ebd.). Die Autoren merken an, dass aufgrund des Rückgangs der
Erwerbsbeteiligung ab 55 Jahre das Interesse an beruflicher Weiterbildung
„zwangsläufig" sinke (ebd.). Nicht berücksichtigt wird hierbei, dass der
„Rückgang der Erwerbsbeteiligung" Anzeichen einer *nicht* zwangsläufigen
Altersarbeitslosigkeit ist, die mit 12,6 % (2006) weit über dem EU-15 Wert
liegt (siehe Abbildung 1). Das „zwangsläufig sinkende Interesse" ist vermutlich insbesondere diesem Umstand geschuldet.

Dies belegen auch die Daten der neuesten Erhebung zum Weiterbildungsverhalten: „Der berufliche Bezug der meisten Weiterbildungsaktivitäten hat zur Folge, dass die Weiterbildungsbeteiligung in den höheren Altersgruppen zurückgeht. Betrachtet man nur Personen, die erwerbstätig sind, bleibt die Beteiligung an Weiterbildung über die Altersgruppen hinweg konstant und geht erst bei den über 55-jährigen leicht zurück. Anders ist es bei den nichterwerbstätigen Personen. Bildungsbeteiligung – sei es in regulären Bildungsgängen oder in Weiterbildungsveranstaltungen – hat hier überwiegend vorbereitende Funktionen für einen Einstieg oder Wiedereinstieg in die Berufstätigkeit. Sie ist daher in den jüngeren Altersgruppen hoch und geht mit zunehmendem Alter deutlich zurück." (TNS Infratest 2008: 6) Ein vergleichbares Bild ergibt die dritte europäische Erhebung über die berufliche Weiterbildung in Unternehmen (CVTS3). In dieser Umfrage wird das Weiterbildungsangebot der Unternehmung erhoben. Deutlich wird hierbei, dass die Weiterbildungsaktivität abhängig ist von der Unternehmensgröße sowie der Weiterbildungsorientierung der Unternehmung (vgl. Tabelle 9).

Tabelle 9: Teilnahmequoten nach Alter und Betriebsgröße

Beschäftigte	Alle Unternehmen			Unternehmen mit Lehrveranstaltungen		
	< 25 J.	25–54 J.	> 55 J.	< 25 J.	25–54 J.	> 55 J.
10–19	22,1 %	26,1 %	13,1 %	50,2 %	56,6 %	32,3 %
20–49	19,3 %	27,3 %	13,0 %	36,8 %	47,3 %	23,9 %
50–249	25,4 %	29,4 %	16,1 %	40,2 %	42,3 %	24,2 %
250–499	28,3 %	33,8 %	20 %	49,3 %	47,2 %	28,9 %
500–999	28,0 %	32,2 %	21 %	39,1 %	40,4 %	26,1 %
1.000 +	24,9 %	35,7 %	26,8 %	25,9 %	37,6 %	28,6 %
Insgesamt	24,7 %	32,4 %	20,7 %	33,5 %	41,0 %	27,3 %

Quelle: Statis 2008: 30–31

Ein etwas anderes Bild ergibt sich, wenn informelle Lernformen betrachtet werden, die im Berichtssystem Weiterbildung VII (BMBF 2000) und in der neuesten Erhebung (TNS Infratest 2008), differenziert nach Altersgruppen, ausgewiesen wurden. Das Berichtssystem Weiterbildung VIII (BMBF 2003) sowie das Berichtssystem XI (BMBF 2006) weisen informelle Lernformen nicht getrennt nach Altersgruppen aus. So ergab die Erhebung im Rahmen des Berichtssystems VII, dass 74 Prozent der 19- bis 34-Jährigen, 72 Prozent der 35- bis 49-Jährigen und 71 Prozent der 50- bis 64-Jährigen an informellen Lernformen teilnahmen (vgl. Iller 2008: 70). Werden diese Daten mit den Werten der Eurostat Arbeitskräfteerhebung verglichen, ergibt sich ein anderes Bild. Demnach bestehen erhebliche Unterschiede insbesondere zwischen Deutschland und Finnland, Dänemark, Schweden sowie Österreich (vgl. Tabelle 10).

Tabelle 10: Teilnahmequote an informellen Lernaktivitäten

	NL	DE	FR	FI	DK	SE	AT
25–34 J.	35 %	42 %	54 %	76 %	66 %	57 %	85 %
35–44 J.	34 %	40 %	49 %	74 %	69 %	54 %	85 %
45–54 J.	32 %	37 %	46 %	68 %	67 %	53 %	94 %
55–64 J.	26 %	30 %	31 %	60 %	61 %	46 %	91 %

Quelle: Eurostat 2005: 8

Einen Überblick über die formale (insbesondere Ausbildung und Hochschule), non-formale (z.B. Workshops, Trainings) und informelle (Selbstlernen mithilfe von Büchern, Audios) Weiterbeteiligungsbeteiligung nach Altersgruppen ermöglicht zukünftig das modifizierte Berichtssystem Weiterbildung (vgl. Tabelle 11).

Der Rückgang der Beteiligung an formalen Bildungsgängen ab 35 Jahren ist nicht überraschend. Auffällig ist jedoch die bereits angesprochene Differenz zwischen erwerbs- und nichterwerbstätigen Personen, der Rückgang der Beteiligung an betrieblicher Weiterbildung im Alter sowie die relativ gleich bleibende, altersunabhängige Selbstlernaktivität, die allerdings massiv abhängig ist von der Erwerbstätigkeit.

Tabelle 11: Weiterbildungsbeteiligung nach Altersgruppen (in %)

	19–24	25–34	35–44	45–54	55–64
Reguläre Bildungsgänge (FED)					
Erwerbstätige Personen	45	10	3	2	2
Nichterwerbstätige Personen	68	24	4	2	1
Betriebliche Weiterbildung (NFE)					
Erwerbstätige Personen	41	42	43	37	31
Nichterwerbstätige Personen	6	10	5	6	3
Andere berufsbezogene Weiterbildung (NFE)					
Erwerbstätige Personen	13	14	15	16	10
Nichterwerbstätige Personen	20	16	14	9	2
Selbstlernen – berufliche Gründe (INF)					
Erwerbstätige Personen	35	34	38	37	34
Nichterwerbstätige Personen	35	27	18	15	3

FED=Formal Education, NFE=Non-Formal Education, INF=Informal Learning
Quelle: TNS Infratest 2008, S. 55 (erwerbstätige Personen) & S. 56 (nichterwerbstätige Personen)

Der Rückgang der betrieblichen Weiterbildungsbeteiligung im Alter sowie der Rückgang der Selbstlernaktivität im Alter bei Erwerbslosigkeit stimmen bedenklich, da insbesondere die altersbedingten Verluste durch Trainings kompensierbar sind. Bereits fünf einstündige Trainingssitzungen können reichen, Altersverluste auszugleichen. Belegt wurde dies in einer Untersuchung mit einer Personengruppe im Alter zwischen 60 und 80 Jahren. Den Testpersonen wurden 20 bis 40 Substantive mit einer Darbietungszeit von 2 Sekunden gezeigt. Die Probanden sollten diese Substantive in der richtigen Reihenfolge wiedergeben. Nach dem Erlernen von Gedächtnistechniken verbesserten die Testpersonen ihr Ergebnis in einem Umfang, das dem durchschnittlichen Altersverlust dieser Altersgruppe entspricht.

Auffällig war allerdings, dass (1) ältere Testpersonen im Gegensatz zu jüngeren insgesamt schlechter abschnitten und dass die Schere zwischen Älteren und Jüngeren desto weiter auseinander ging, je weiter die Testpersonen an ihre persönlichen Leistungsgrenzen stießen (siehe Abbildung 11). Ein weiterer Befund ist, dass selbst gesteuertes Üben bei fluiden Leistungstests oft zu ähnlichen Leistungszugewinnen führt, wie angeleitete Trainings. Bedenklich ist allerdings, dass Transfereffekte minimal sind. Trainings für ältere Menschen sollten insofern hoch spezifisch und auf konkrete Problemstellungen ausgerichtet sein (Baltes, Sowarka & Kliegl 1989). Lindenberg und Kray kommen wegen der begrenzten Transfereffekte sowie der differenten Lernzuwächse zu dem Schluss, dass „die Mehrzahl der beobachteten Trainingsgewinne auf Veränderungen der Pragmatik, nämlich auf den Erwerb aufgabenspezifischen prozeduralen und deklarativen Wissens, zurückzuführen ist und nicht auf Veränderungen in der Mechanik" (Lindenberg & Kray 2005: 318).

Die Konsequenz würde sodann lauten, dass vorwiegend aufgaben- und kontextspezifische Fertigkeiten Gegenstand von Trainings für ältere Mitarbeiter sein sollten, während die Trainingsform, angeleitet oder selbst gesteuert, hierbei nur im Sinne von Methodenwechsel von Bedeutung ist, nicht jedoch im Sinne einer grundsätzlichen Überlegenheit der einen gegenüber der anderen Form.

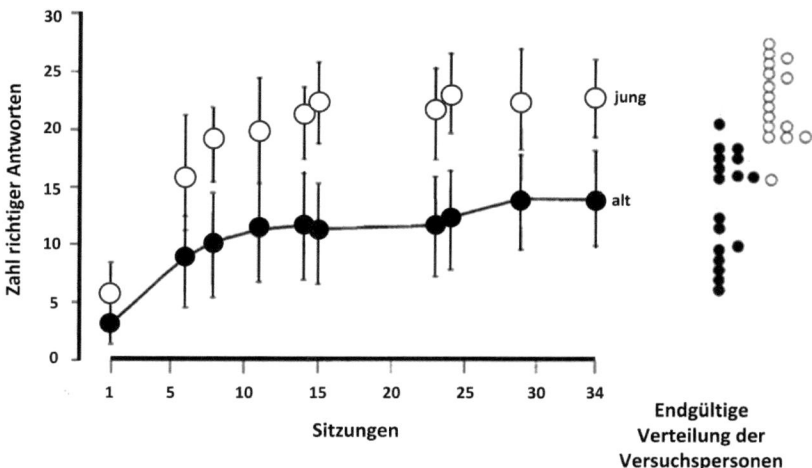

Abbildung 11: Effekte von Training
Quelle: Baltes, Lindenberg & Staudinger 1995: 55

Die Effektivität der Gehirnleistungen lässt sich zudem verbessern, indem aufmerksamkeitsbelastende Faktoren reduziert werden. Ältere Erwachsene sind stärker als jüngere gezwungen, sensorische und sensomotorische Prozesse bewusst zu regulieren und ihre Konzentration auf die Regulation und

Koordination von Handlungen zu richten (siehe Abbildung 9: Sensorische Fähigkeiten). Durch körperliches Training, wie z.B. das Halten der Gleichgewichtsbalance, kann diese Belastung reduziert werden, wodurch mehr Kapazität anderen Aufgaben zur Verfügung steht (Krampe et al. 2003). „Wenn ich also als kognitiver Alternsforscher gefragt werde, ob es hilft, Kreuzworträtsel zu lösen, um seinen Geist im Alter fit zu halten, dann ist meine Antwort, Ja, das hilft. Vor allem dann, wenn man dies auf dem Kopf stehend tut, gleichzeitig die Füße auf- und zuklappt und so das vertikale und horizontale Balancehalten trainiert." (Baltes 2007: 22)

3.2.6 Personal- und Wissensmanagement

Hinsichtlich der Ausrichtung des Personalmanagements sind zwei Grundhaltungen unterscheidbar: eine desintegrative und eine integrative Orientierung. Förderung von Vielfalt und Desintegration Älterer sind unvereinbare Gegensätze. Dennoch soll zunächst der desintegrative Ansatz vorgestellt werden.

Desintegrative Ausrichtung

Ein desintegrativ orientiertes Personalmanagement „stützt sich auf Einstellungen und Erfahrungen, die primär die nachlassende Leistungsfähigkeit Älterer betonen" (Grauer 1998: 33), weshalb mit Personalfreisetzungsmaßnahmen agiert wird, wie Aufhebungsverträgen, Abwicklungsverträgen, Entlassungen sowie Frühverrentungen. Die Frühverrentung als Freisetzungsmaßnahme ermöglicht den Mitarbeitern, noch vor Erreichen der gesetzlichen Rentenaltersgrenze aus dem Erwerbsleben auszuscheiden. Frühverrentungen sind an bestimmte gesetzliche Regelungen gebunden, zumal sie meist branchenbezogen aufgrund besonderer Belastungen der Arbeitnehmer gewährt werden. Hierzu gehören diverse Kriterien, wie z.B. Erwerbsunfähigkeit, kalendarisches Alter oder das Geschlecht. Nach dem Grad der Frühverrentung werden Vorruhestand (Ausscheiden aus dem Erwerbsleben) und Teilrente (Rentenbezug sowie verminderte weitere Erwerbstätigkeit) unterschieden. Für Unternehmen ist die Frühverrentung eine interessante Option, da ein Teil der Freisetzungskosten, die bei Aufhebungsverträgen und Entlassungen angefallen wären, entweder entfallen (Kündigungsschutzprozesse) oder vom Staat getragen werden (Altersruhegeld). Seit 20 Jahren lässt sich ein Frühverrentungs-Boom in den meisten Unternehmen feststellen. „Frühverrentungen wurden nicht nur stillschweigend akzeptiert, sondern vielfach sogar aktiv gefördert und finanziell versüßt" (Hilbert & Naegele 2001: 124). Es wäre allerdings falsch, die Betroffenen lediglich als Opfer zu sehen, da ältere Arbeitnehmer oftmals durchaus bewusst diese Möglichkeit wählten. Grauer (ebd., 38 f.) weist auf verschiedene Ursachen hin, weshalb Frühverrentung durchaus beliebt sei:

- Eine wesentliche Ursache liege darin, dass manche ältere Arbeitnehmer in gesicherten finanziellen Verhältnissen leben oder durch den Sozialplan eine solche Absicherung zu erlangen hoffen.
- Eine weitere Ursache sei die Angst vor steigenden beruflichen Anforderungen und die Befürchtung, diesen zukünftig nicht mehr entsprechen zu können.
- Fehlende Aufstiegs- und Karrieremöglichkeiten, Unzufriedenheit mit den bestehenden Arbeitsbedingungen und gesundheitliche Einschränkungen sind weitere Gründe. So ist laut einer Erhebung von Eurostat „Krankheit oder Behinderung" der zweithäufigste Grund für einen Berufsausstieg in Deutschland. Der Vorruhestand rangiert auf Platz 3 und Entlassungen auf Platz 4.

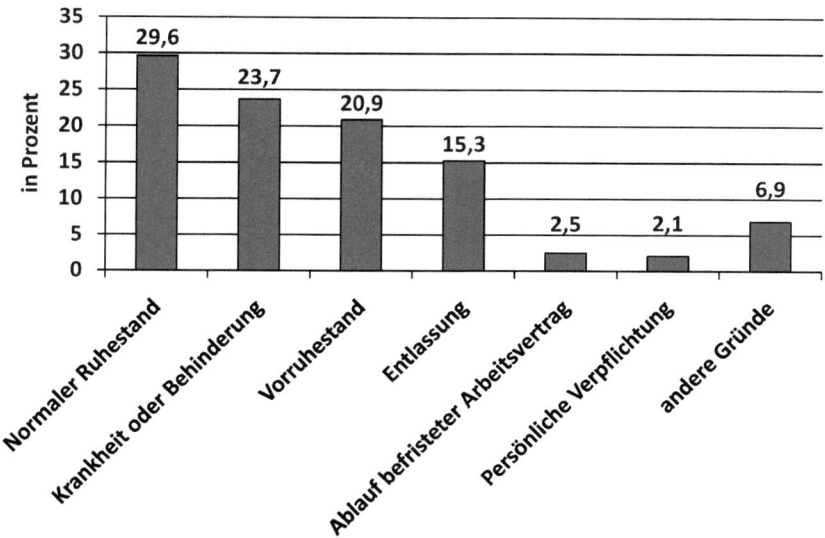

Abbildung 12: Aufgabe der letzten Erwerbstätigkeit
Hauptgründe der Aufgabe der letzten Erwerbstätigkeit der 55- bis 64-Jährigen in Deutschland
Quelle: Eigene Darstellung, Morschhäuser 2004: 77

Da die Frühverrentung sozialverträglich und meist zur Zufriedenheit aller
Beteiligten erfolgt, bestehen auch von Seiten des Betriebsrates kaum Vorbehalte gegen ein frühzeitiges Ausscheiden der Arbeitnehmer aus dem Erwerbsleben. Die gängige Frühverrentungspraxis wurde jedoch aufgrund
der wachsenden Diskrepanz von Beitragszahlern und Rentnern (vor allem
nach 2030) eingeschränkt. Zwar wird auch weiterhin ein frühzeitiger Be-
rufsaustritt möglich sein, allerdings mit beträchtlichen finanziellen Einbu-
ßen. *Aufhebungsverträge* eröffnen dem Arbeitgeber die Möglichkeit, ein Ar-
beitsverhältnis – meist gegen Zahlung von Abfindungen an den Arbeitnehmer – ohne Einhaltung der gesetzlichen Kündigungsschutzbestimmun-
gen einvernehmlich und kurzfristig wirksam aufzulösen. Da sich die Höhe
der Abfindungen vor allem nach kalendarischem Alter und Dauer der Un-
ternehmenszugehörigkeit bemisst, ist sie für ältere Mitarbeiter entsprechend hoch. Außerdem entfällt in diesem Fall die Beteiligung des Betriebsrates, wodurch der Freisetzungsprozess schnell abgewickelt werden kann.
Der Arbeitnehmer muss allerdings aufgrund der freiwilligen Arbeitsplatz-
aufgabe mit Sperrfristen bei der Zahlung des Arbeitslosengeldes rechnen.
Abwicklungsverträge setzen hingegen eine ordnungsgemäße Kündigung
voraus. Der Arbeitnehmer erhebt eine fristgerechte Kündigungsklage, sorgt
jedoch durch die Formulierung seiner Klagebegründung absichtlich dafür,
dass er den Prozess verliert. Im Gegenzug wird er meist durch finanzielle
Zuwendungen entschädigt. Der Arbeitgeber verhindert durch dieses Proce-
dere einen Erstattungsanspruch des Arbeitsamtes bezüglich des evtl. bis
zur Verrentung zu zahlenden Arbeitslosengeldes. Für den Arbeitnehmer
besteht der Vorteil darin, dass er nicht unter die Sperrfrist fällt, da aufgrund
der Kündigungsschutzklage unterstellt wird, dass der Arbeitsplatz nicht
freiwillig aufgegeben wurde. Allerdings gelten die Mitbestimmungsrechte
des Betriebsrates. *Entlassungen* sind nur im Rahmen der Bestimmungen des
Kündigungsschutzgesetzes möglich. Sie müssen unter Einhaltung bestimmter Fristen erfolgen, um wirksam zu sein. Entlassungen können sowohl be-
triebsbedingt, etwa durch Rationalisierungen, begründet werden, als auch
durch das Verhalten bzw. die Person des älteren Arbeitnehmers (z.B. Unzu-
verlässigkeit, Alkoholismus). Kündigungen bedürfen der Zustimmung des
Betriebsrates. Daher sind gerichtliche Auseinandersetzungen zwischen Betriebsrat und Management sehr wahrscheinlich. Für das Unternehmen re-
sultieren daraus Rechtsunsicherheiten und, wenn es den Prozess verliert,
hohe Prozesskosten und Abfindungen an den älteren Arbeitnehmer. Fazit:
In einem desintegrativ ausgerichteten Personalmanagement werden die

Älteren eher als Hemmnisse einer innovativen, zukunftstechnologieorientierten und effizienten Produktion gesehen. „Das alte Defizit-Modell diente – und dient heute noch – als die wissenschaftlich abgesegnete Legitimation zur altersselektiven Personalpolitik in einer hoch technik- und innovationsabhängigen Weltmarktproduktion" (Friedrich Ebert Stiftung 2000: 11).

Integrative Ausrichtung

Im Gegensatz hierzu betont ein integrativ orientiertes Personalmanagement die Chancen, die durch den Verbleib älterer Mitarbeiter im Unternehmen bestehen. Vertreter dieser Sichtweise betonen, dass altersbedingte Vorteile, wie langjährige Berufserfahrung, mögliche körperliche Einschränkungen der Leistungsfähigkeit kompensieren. Würden das erbrachte Arbeitsergebnis verglichen und nicht isolierte körperliche Einzelfunktionen, sei zwischen den Generationen kein signifikanter Leistungsunterschied nachweisbar (Kruse 2000, Maintz 2003, Morschhäuser 2004).

Ein integrativ orientiertes Personalmanagement unterstützt bewusst den Verbleib Älterer im Unternehmen. Laut Grauer (ebd., S. 40 f.) kann diese integrative Ausrichtung jedoch auch auf Widerstand bei den Arbeitnehmern stoßen. Es könnten jene Älteren protestieren, die sich schon auf eine Frühverrentung eingestellt haben und nun bis zur offiziellen Altersgrenze weiterarbeiten müssen, obwohl sie ihr Leben bereits anders geplant hatten. Zudem könnten auch die jüngeren Arbeitnehmer einer solchen Praxis mit Widerstand begegnen, da ältere Arbeitnehmer i.d.R. aufgrund ihres Dienstalters und ihrer längeren Betriebszugehörigkeit höher dotierte und attraktive Stellen besetzen. Solange die Älteren nicht bereit seien, zugunsten der jüngeren Kollegen auf weniger attraktive Arbeitsplätze auszuweichen, begrenzten sie die Aufstiegschancen für Jüngere. Folglich könne es zu Konflikten und Konkurrenzkämpfen zwischen unterschiedlichen Altersgruppen im Unternehmen kommen. Grauer befürchtet: „Diese Arbeitsbedingungen dürften auf Jüngere demotivierend wirken und diese zum Verlassen des Unternehmens animieren" (Grauer 1998: 41). Ein integratives Personalmanagement hat auch diese Aspekte mit zu bedenken.

Um die Arbeits- und Beschäftigungsfähigkeit einer alternden Belegschaften zu erhalten bzw. zu erhöhen, sollte nicht nur der Weiterbildung, sondern auch dem Thema Gesundheit, Arbeitsschutz und Arbeitsorganisation eine hohe Bedeutung beigemessen werden. Betriebliche Risikofaktoren, die die Beschäftigungschancen Älterer beeinträchtigen, sind insbesondere (1)

zu hohe physisch-psychische Anforderungen (z.b. hoher Krafteinsatz, Heben und Tragen, ungünstige Arbeitszeitregelungen), (2) belastendes physi-
kalisch-chemisches Arbeitsumfeld (z.B. Lärm, Staub, witterungsbedingte
Einflüsse), (3) mangelhafte Arbeitsorganisation, neue Formen der Arbeits-
teilung, gestiegene Leistungskontrolle (z.b. Zeit- und Termindruck, Verant-
wortungsdruck, Rollenkonflikte in der Arbeit) (vgl. Hilbert & Naegele 2001:
131 f.). Umgekehrt können gesundheitsfördernde Arbeitsprozesse altersbedingte Leistungsdefizite verzögern. Grundsätzlich sollte das Ziel eines
jeden Betriebes sein, die Arbeitsbedingungen ständig zu verbessern unter
besonderer Berücksichtigung der Diversity-Faktoren (vgl. Giesert 2006: 7
f.). Um die Motivation und Leistungsfähigkeit aller Beschäftigten zu erhalten
und einem hohen Krankheitsrisiko vorzubeugen, sind altersspezifische Lösungen unentbehrlich. Der Katalog entsprechender Handlungsoptionen, um
den Folgen der demografischen Entwicklung rechtzeitig gegenzusteuern, ist
vielfältig: u.a. berufliche Qualifizierung und lebenslanges Lernen, Gesundheitsschutz und -förderung, Karriere- und Laufbahnplanung, generationen-
übergreifende Teams, Arbeitszeitanpassung, Arbeitplatzgestaltung („Job
Design") sowie Tätigkeitswechsel („Job Rotation"). Zu diesen altersspezifi-
schen Maßnahmen zählen zudem Angebote für jüngere Mitarbeiter. Wenn
unterschiedliche Generationen aufeinander treffen, könnten beispielsweise
Konflikte zwischen jüngeren Vorgesetzten und älteren Mitarbeiter entste-
hen. Problematisch sei, dass eine junge Führungskraft in erster Linie auf
ihre Ausbildung angewiesen ist und Mitarbeiter führt, die u.U. weitaus mehr
Erfahrung besitzen. Diese sind vielleicht schon zwanzig Jahre im Unternehmen, kennen die Betriebsstrukturen und haben die aktuelle Situation
vielleicht selbst mit geschaffen. Wenn jüngere Vorgesetzte in diesem Kontext Veränderungen initiieren, sei mit Akzeptanzproblemen und ggf. Wider-
ständen zu rechnen (vgl. DGFP 2004, S. 35 f.).

Wissensmanagement[15]

Wenn Wissensmanagement-Systeme implementiert werden, sind technische Aspekte und Schwierigkeiten, wie z.B. die Daten-Modellierung oder
das Vernetzen unterschiedlicher Wissensgebiete und –datenbanken offen-
kundig. Wenn Wissensmanagement-Projekte die Zielvorgaben verfehlen
oder gänzlich scheitern, liegt dies jedoch selten an mangelhafter Technik,

---

15 Vgl. Albrecht & Gessler 2008

sondern an mangelnder Nutzung. Ein sozialer Faktor, der wenig in diesem Zusammenhang beachtet wird, ist Vertrauen. Die Gesamtheit eines Wissensmanagement-Systems lässt sich inklusive der Technik, der Prozesse und der Personen als soziotechnisches System beschreiben. Während der technische Aspekt im Sinne von Best Practices reproduzierbar und mittels Adaptionen auf andere Unternehmensumwelten angewendet werden kann, ist der soziale Anteil bei jeder Implementierung anders – selbst wenn das technische Teilsystem identisch wäre. Aufgrund dieser Unterschiedlichkeit können Unternehmen kein festes Regelwerk erarbeiten, welches einen erfolgreichen Umgang mit dem sozialen Teilsystem, den beteiligten Mitarbeitern, garantiert.

Vertrauen spielt eine bedeutende Rolle, wenn es um die Zusammenarbeit von Mitarbeitern oder das Verhältnis zwischen Arbeitgeber und -nehmer geht. Da sich Vertrauen auf die Zukunft bezieht und riskante Vorleistungen einschließt (Luhmann 2000), ist vor allem für jene Handlungen Vertrauen notwendig, die eine Vorleistung erst nach einer längeren Periode mit einer Gegenleistung honorieren – zum Beispiel beim Wissensmanagement. Hier müssen die nötigen Aufwendungen für den inhaltlichen Aufbau eines Wissensmanagement-Systems von allen Beteiligten in dem Vertrauen erbracht werden, dass sich diese Investition langfristig durch einen Zuwachs an Geschwindigkeit und Qualität bezüglich der Wissensreproduktion auszahlt. Das eingegangene Risiko bezieht sich dabei nicht nur auf die unter Umständen fehl investierte Zeit in den Aufbau des Systems, sondern auch im Abbau von Einfluss aufgrund der Explikation des eigenen Wissens. Je mehr Wissen ein Mitarbeiter in ein gemeinsames Wissensmanagement-System einbringt, desto wahrscheinlicher ist es, dass das System über eine belastbare Wissensbasis verfügt. Mit der Externalisierung seines Wissens verteilt der Mitarbeiter jedoch gleichzeitig sein alleiniges Wissen.

Das geringste Risiko bei gleichzeitig größtem relativen Nutzen bestünde demnach für einen Mitarbeiter, der wenig alleinstellendes Wissen einbringt und gleichzeitig hofft, dass sich seine Kollegen nicht ebenso verhalten. Diese Konstellation ähnelt der Tragik der Allmende. Diese funktioniert ebenfalls so lange, wie sich genügend Teilnehmer finden, die produktiv und konstruktiv am gemeinsamen System teilnehmen – und kippt, sobald sich zu viele defektiv verhalten. Fasst man das Vertrauens- und das Allmende-Problem zusammen, wird deutlich, dass es nicht ausreicht, wenn nur einzelne Mitarbeiter vertrauen. Wissensmanagement kann also nur erfolgreich sein, wenn es auf eine Unternehmenskultur des Vertrauens trifft. Dieser stehen allerdings zwei zentrale Risiken gegenüber.

(1) Persönliches Investitionsrisiko: vergeblich investierte Zeit in das Erlernen des Systems und der Explikation des eigenen Wissens, wenn sich das System langfristig nicht als Gewinn bringend erweist.

(2) Risiko des Arbeitsplatzverlusts: subjektiv empfundene oder tatsächliche Erhöhung der eigenen Austauschbarkeit durch die Externalisierung von eigenem Wissen (Angst vor dem Verlust des Arbeitsplatzes).

Viele betriebliche Faktoren wirken unidirektional. Vertrauen hingegen ist zirkulär. Ursache („Weil der Akteur vertraut ...") und Wirkung („Der Akteur vertraut, weil ...") bedingen, verstärken oder schwächen sich wechselseitig. Als Extreme können zwei Vertrauenszirkel konstruiert werden: Kein Vertrauen: Kein Vertrauen ins System → Wenig Engagement → Wenig Nutzen ins System → Nicht-Vertrauen bestätigt; Viel Vertrauen: Vertrauen ins System → Hohes Engagement → Viel Nutzen des Systems → Vertrauen bestätigt. Um ein Wissensmanagement-System erfolgreich einzuführen und zu betreiben, sollten die Initiatoren daher frühzeitig Wert auf den Aufbau von Vertrauen legen, denn mangelndes Vertrauen könnte sich später zirkulär aufbauen und stärken und schließlich das Gelingen des gesamten Prozesses gefährden. Die Verantwortlichen sollten das Vertrauen daher über die Auswahl der richtigen Methoden, mit einem vertrauensvollen Projektteam und mit einer ebensolchen Gesamtorganisation stützen. Um nicht für den gesamten Prozess auf gegenseitiges Vertrauen angewiesen zu sein, ist es hilfreich, gemeinsame Regeln zu erarbeiten und zu verschriftlichen. Diese Regeln können dann als feste Basis dienen, auf der das gemeinsame Vertrauen fußt. Das Vertrauen entsteht jedoch nicht aus dem genauen Eintreten dessen, worauf zuvor vertraut wurde, sondern aus dem subjektiven Eindruck, keinen Schaden zu erleiden (vgl. Laucken 2001). Die Beteiligten sollten ihre Bemühungen daher zunächst darauf richten, subjektives Vertrauen herzustellen. Schließlich kann der Beweis, dass sich dieses Vertrauen später auszahlt, vorab nicht erbracht werden. Ein derzeit populäres Thema im Wissensmanagement sind die Einflüsse des Web 2.0, welches die unidirektionale Nutzung moderner Medien in ein Verhältnis der Gegenseitigkeit wandelt, in der jeder Empfänger gleichzeitig auch Sender werden kann und soll. Dieser neue Anspruch an Wissensmanagement-Systeme stellt auch neue Ansprüche an deren Anwender. Im Zusammenhang von Vertrauen und Risiko erscheinen dabei besonders drei Aspekte als wichtig:

- Risiko des Spotts: Risiko des offenen oder verdeckten Spotts, wenn eingebrachtes Wissen nicht adäquat ist (Wissensportal als Bühne). Adäquat bezieht sich dabei auf Inhalt, Qualität, Form oder andere Kriterien, die zuvor als Regeln definiert wurden.
- Risiko des falschen Signals: Rege Beteiligung an einem Wissensmanagement-System könnte fälschlich aufgefasst werden als: „Ich habe sonst nichts Besseres zu tun." Da die Einbringung des eigenen Wissens meist neben den normalen Aufgaben erfolgt, kann eine zu ausführliche Beteiligung signalisieren, dass der Mitarbeiter nicht ausgelastet ist oder seiner Kernaufgabe nicht die nötige Aufmerksamkeit beimisst. Um dieses Signal zu vermeiden, ließe sich die Form der Beteiligung in einer Regel beschreiben. In einigen Fällen kann es auch sinnvoll erscheinen, Wissensmanagement als „Kür" in die Kernaufgabe des Mitarbeiters hinein zu definieren.
- Risiko aufgrund mangelnder Kontrolle: Systeme, die die Kontrolle anderer Nutzer als Qualitätsmechanismus nutzen (z.B. Wikipedia), sollten zusätzliche Methoden einsetzen, die nicht nur qualitäts-, sondern auch vertrauensfördernd sind. Vertrauen in die Funktionsfähigkeit von Systemen beinhaltet Vertrauen in die Funktionsfähigkeit der immanenten Kontrollen (vgl. Luhmann 2000).

Der aufgezeigte Zusammenhang von Vertrauen und Wissensmanagement verdeutlicht, dass ein desintegratives Personalmanagement nicht nur den Verlust von Erfahrungswissen fördert, sondern zudem den Transfer von Erfahrungswissen erschwert, wenn nicht gar verhindert. Ein integratives Personalmanagement, das Altersvielfalt wertschätzt und vielfältig reagiert auf eine alternde Belegschaft (u.a. Gesundheit, Arbeitsschutz und Arbeitsorganisation), fördert hingegen den Verbleib Älterer im Unternehmen, deren Vernetzung sowie die Weitergabe von Wissen an Jüngere. Der Nachweis, Vertrauen in die Funktionsweise des Systems haben zu können, schafft sodann die notwendige Voraussetzung, um die riskante Vorleistung Wissensaustausch persönlich akzeptieren zu können, womit zudem die Entwicklung intersubjektiven Vertrauens gefördert wird.

3.2.7 Berufliche Alterskompetenzstudie

Baltes et al. (1995) gehen davon aus, dass aufgrund der Plastizität der Intelligenz altersbedingte Verluste bis zu einem gewissen Grad zu kompensieren sind. Diese Kompensation habe jedoch Grenzen. Zunächst werden die Untersuchungsergebnisse referiert, die diese Annahme stützen. Anschließend wird die Reichweite der Ergebnisse diskutiert und die Ergebnisse unserer beruflichen Alterskompetenzstudie (BAK) vorgestellt.

(1) *Gesamtleistung:* Die Gesamtleistung nehme aufgrund der Abnahme der mechanischen Intelligenz und ihrer moderierenden Funktion für die pragmatische Intelligenz bereits ab dem 30. Lebensjahr ab (siehe Abbildung 9).

(2) *Komplexe Aufgaben:* Es habe sich in zahlreichen Untersuchungen gezeigt, dass „mit steigender Komplexität der Aufgaben, die Altersschere weiter auseinanderklafft. Zugleich hat es sich jedoch als schwierig erwiesen, das Ausmaß an Komplexität (also über die Aufgabenschwierigkeit) zu bestimmen." (Baltes et al. 1995: 55) In einer Querschnittuntersuchung wurden beispielsweise jüngeren und älteren Teilnehmern eine leichte und eine schwierigere (als komplex bezeichnete) Vergleichsaufgabe gestellt, um die Kapazität und Zuverlässigkeit des Arbeitsgedächtnisses zu testen, da erwartet wurde, dass sich Kapazität oder Zuverlässigkeit des Arbeitsgedächtnisses oder beides mit zunehmenden Alter verschlechtern. „Davon betroffen sollten vor allem komplexe Denkprozesse sein, das heißt das Lösen denk- und gedächtnispsychologischer Aufgaben, bei denen Zwischenergebnisse zu ermitteln und gleichzeitig mehrere Informationen zu berücksichtigen sind. [...] Erwartungsgemäß brauchten ältere Erwachsene durchschnittliche mehr Zeit zum Lösen als junge." (Baltes et al. 1995: 56)

(3) *Trainingseffekte:* Mittels Trainings seien altersbedingte Verluste kompensierbar. Untersucht wurde dies mittels des Erinnerns von Wortlisten. Die Merk- und Erinnerungsleistung kann durch das Lernen von Merkhilfen, wie z.B. der Methode der Orte, verbessert werden. Bei dieser Methode prägt sich der Teilnehmer, nachdem er diese Methode gelernt hat, die Begriffe als Route auf einer geistigen Landkarte ein, wobei mithilfe von Gedächtnisbildern Verknüpfungen zwischen den Orten und den zu erinnernden Worten geschaffen werden. Nach den Trainings verbesserten jüngere und ältere Teilnehmer ihre Leistung (=Anzahl der erinnerten Worte sowie Korrektheit der Reihenfolge). Die Lerneffekte der älteren erreichten jedoch nicht das Niveau der jüngeren Vergleichsteilnehmer. „Gedächtnistechniken verbessern die Merkfähigkeit (eine Leistung mechanischer Intelligenz) bei jungen und alten Menschen, allerdings nicht im gleichen Maße. Eine altersbedingte Leistungsminderung trag umso deutlicher zutage, je näher die Untersuchungsteilnehmer an ihre Leistungsgrenzen geführt wurden." (Baltes et al. 1995: 55)

(4) *Innovative Problemlösungen:* Das Lösen neuartiger Probleme mittels neuartiger Lösungsoptionen kann erschwert bzw. verhindert werden, wenn auf bereits bestehende und nicht adäquate Lösungsoptionen zurückgegriffen wird. Notwendig ist sodann die Fähigkeit, „das Gedächtnis zu revidieren, mithin Informationen zu hemmen, die nicht zu der derzeitigen Aufgabe gehören. Älteren Erwachsenen scheint das ebenfalls schwerer zu fallen als jüngeren." (Baltes et al. 1995: 56). Festgestellt wurde dies wiederum mittels des Untersuchungsdesigns der Ort-Wort-Kombination. „Anscheinend ist es in späteren Lebensabschnitten schwieriger als in früheren, irrelevante Information quasi in den Hintergrund zu drücken – mit der Folge, daß es dann schwerer fallen kann, Neues zu lernen." (Baltes et al. 1995: 56). Aus diesen Befunden wäre folgendes Fazit zu ziehen:

(1) Die *Gesamtleistung* sei bei Älteren geringer als bei Jüngeren. (2) Bei *komplexen Aufgabenstellungen* hätten jüngere Menschen älteren gegenüber Vorteile. (3) Ältere unterlägen eher der Gefahr, nicht adäquate Lösungsoptionen zu wählen, da die Fähigkeit, Informationen zu revidieren, im Alter abnehme. *Innovationen* würden schwerer fallen, während die Fehleranfälligkeit zunehme. (4) Diese altersbedingten Verluste seien mittels Trainings kompensierbar, allerdings sind die *Trainingseffekte* bei Jüngeren besser als bei Älteren.

Sollten diese Erkenntnisse für den beruflichen Bereich gelten, dann wären ältere Arbeitnehmer für komplexe und innovative Aufgabenstellungen weniger geeignet als jüngere. Es bestehen erhebliche Zweifel hinsichtlich der Gültigkeit dieser Ergebnisse für betriebliche Kontexte und berufliche Aufgabenstellungen: (1) Expertise ist domänenspezifisch und nicht generell, weshalb das gewählte Untersuchungsdesign, das Erinnern von domänenunspezifischen Wortlisten, für Novizen, nicht jedoch für Experten geeignet ist (vgl. Ericsson & Smith 1991). (2) Experten zeichnet gerade aus, dass sie domänenspezifische Informationen rasch wahrnehmen und weitgehend fehlerfrei erinnern (De Groot & Gobet 1996). Diese Fähigkeit kommt allerdings nur innerhalb einer Domäne zum Tragen (Chi, Glaser & Farr 1988). (3) Experten zeichnet zudem ein flexibler Umgang mit Wissen aus. Überraschend ist insbesondere die Fähigkeit, mit ständig wachsenden Wissensbeständen immer schneller operieren zu können, sowie die Fähigkeit, auf der Basis wachsender Erfahrung innovative und nicht determinierte Problemlösungen zu entwickeln (Gruber 1994). In unserer Studie wählten wir zur Untersuchung des Zusammenhangs von Leistungsfähigkeit und Alter ein berufliches Handlungsfeld, das durch Dynamik, Komplexität und Neuartigkeit der Aufgabenstellungen gekennzeichnet ist: Projektarbeit in einem IT-Unternehmen. Gemäß DIN 69901 ist unter einem Projekt ein Vorhaben zu verstehen, „das im Wesentlichen durch die Einmaligkeit der Bedingungen in ihrer Gesamtheit gekennzeichnet ist, zum Beispiel Zielvorgabe, zeitliche, finanzielle, personelle und andere Begrenzungen, Abgrenzung gegenüber anderen Vorhaben, projektspezifische Organisation." (zit. nach Schelle et al. 2005: 27). Weitere Merkmale sind Komplexität, Neuartigkeit der Aufgabenstellung (ebd., 27). Diese Bedingungen haben Konsequenzen. Aufgrund der Einmaligkeit sind Fehlerkorrekturen schwierig und vorausschauende Planung erforderlich. Die Komplexität von Projekten verhindert allerdings, dass Fern-, Neben- und Folgewirkungen eindeutig vorhersehbar sind, weshalb situative Flexibilität die Planung zu ergänzen hat. Die Neuartigkeit der Aufgabenstellung erfordert zudem innovative Problemlösungen. Die Projektleitung hat neben diesen fachlichen Aufgaben die Abstimmung im Team sowie die Abstimmung mit dem Projektumfeld zu leisten, weshalb die Komplexität sowohl fachliche als auch soziale Faktoren umfasst. Die zeitliche Befristung von Projekten verschärft die bislang genannten Faktoren. Im untersuchten Unternehmen wird vor Vergabe der Projektleitung der Schwierigkeitsgrad des Projektes ermittelt, um anschließend denjenigen Projektleiter zu bestimmen, der in der Lage ist, diesen Schwierigkeitsgrad zu meistern. Kriterien zur Ermittlung des Schwierigkeitsgrades sind folgende Kriterien:

(1) Anlass,
(2) Projektdauer,
(3) Projektbudget,
(4) Ressourcenbedarf,
(5) Termine,
(6) Komplexität (fachlich),
(7) Änderungen im Projektverlauf,
(8) Interne Fertigungstiefe,
(9) Abhängigkeit von weiteren Vorhaben,
(10) Produktlebenszyklus.

Auf Basis dieser Einzelkriterien wird das Projekt abschließend einer von sechs Klassen zugeordnet (Projektrating). Im untersuchten Unternehmen wurden in der Zeit zwischen 2005 und 2007 nach Bestimmung des Schwierigkeitsgrades 394 Projektaufträge an 118 Projektleiter vergeben.

Tabelle 12: Alterskompetenzstudie

Alters-klassen		Anzahl	Budget	Dauer	Rating
bis 39	Projekte	94			
Jahre	% of Total	23,9			
N=28	Projekte / Person	3,36			
	Pro Person (MW)		1.183	30,78	4,13
	% of Total Sum		25,2	23,4	23,9
40 bis 49	Projekte	226			
Jahre	% of Total	57,4			
N=69	Projekte/Person	3,27			
	Pro Person (MW)		1.115	28,73	4,42
	% of Total Sum		57,1	53,8	57,4
50 Jahre	Projekte	74			
und älter	% of Total	18,8			
N=21	Projekte / Person	3,52			
	Pro Person (MW)		1.056	39,95	4,48
	% of Total Sum		17,7	22,8	18,8
Total	Projekte (N)	394			
N=118	Projekte / Person	3,33			
	Pro Person (MW)		1.120	31,22	100,15
	% of Total Sum		100	100	100

Dauer in Monaten, Budget in T€, Rating (Gesamtklassifizierung der Projekt)

Unsere Annahme war, dass ein Zusammenhang besteht zwischen dem Schwierigkeitsgrad eines Projektes (operationalisiert mittels der o.g. Einzelkriterien) sowie dem Alter des benannten Projektleiter. Die deskriptive Analyse (siehe Tabelle 12) ergibt, dass ältere Projektleiter anspruchsvolle Projekte (Rating) mit langer Laufzeit (Dauer) und niedrigem Budget durchführen. Die älteren Projektleiter haben zudem im Durchschnitt mehr Projekte pro Person bearbeitet als die jüngeren Projektleiter. Signifikant (.05) ist der Unterschied zwischen den Altersgruppen allerdings nur hinsichtlich der Projektdauer (ANOVA mit Post Hoc Test Bonferroni) sowie des Projektratings (Kruskal-Wallis Test), nicht jedoch hinsichtlich des Projektbudgets.

Die Analyse der Merkmalszusammenhänge ergab, dass von den insgesamt 11 Merkmalen vier Merkmale mit dem Alter signifikant korrelieren (vgl. Tabelle 13).

Tabelle 13: Korrelationsmatrix

	Rating (S)	Anlass (C)	Komplexität (K)	Produkt-lebenszyklus (C)
Alter	.11*	.20**	.12*	.24**

*p<.05 (2-seitig), **p<.01 (2-seitig)

S=Somers-d, C=Cramer-V, K=Kendall-Tau-b. Rating: Unterschieden werden sechs Projektkategorien von 1 (=einfach) bis 6 (=hoch anspruchsvoll). Anlass: Unterschieden werden sonstige (1) und betriebserhaltende Projekte (2). Komplexität: Unterschieden werden Projekte mit einem niedrigen (1), mit einem akzeptablen (2) und einem hohen Komplexitätsgrad (3). Produktlebenszyklus: Unterschieden werden Projekt in der Mitte des Produktlebenszyklus (1), Projekte in der Phase der Einführung eines neuen Produktes (2), Projekte zwischen Mitte und Ende eines Produktlebenszyklus (3) sowie Projekte am Ende eines Produktlebenszyklus (4).

Eine genauere Betrachtung der Anlasskategorie zeigt, dass nur 7,5 % der Projekte, die von der Altersgruppe bis 39 Jahren durchgeführt wird, betriebserhaltende Projekte sind, während 23 % der Projekte der Altersgruppe 40 bis 49 Jahre und 31 % der Projekte der Altersgruppe „50 Jahre und älter" diesem Typus angehören. Eine ähnliche Verteilung ergibt das Merkmal Komplexität (vgl. Tabelle 14). Ältere Projektleiter erhalten überwiegend Projekte übertragen, deren Komplexitätsgrad als hoch eingeschätzt wird.

Tabelle 14: Fachliche Komplexität der Projekte

Komplexität	bis 39 Jahre	40-49 Jahre	50 Jahre und älter
Hoch	50,7 %	61,3 %	72,7 %
Mittel	49,3 %	30,6 %	25,5 %
Niedrig	-	8,1 %	1,8 %
Summe	*100 %*	*100 %*	*100 %*

Eine vergleichbare Botschaft beinhalten die Daten der Kategorie „Produktlebenszyklus". Ältere Projektleiter übernehmen insbesondere IT-Projekte, die am Ende ihres Produktlebenszyklus stehen und damit gleichermaßen kritisch, wie anspruchsvoll sind, während den jüngeren Projektleitern Projekte entweder zu Beginn oder zu Mitte des Produktlebenszyklus überantwortet werden. Als Fazit ergibt sich ein anderes Bild als das in den experimentellen Leistungsuntersuchungen von Baltes entwickelte: Die Aussage, es gäbe „gute Gründe für die Annahme, dass eine ältere Belegschaft unter Ceteris-paribus-Bedingungen weniger Innovationskraft als jüngere hat, dass also eine ältere Bevölkerung einen nicht zu unterschätzenden Risikofaktor im globalen Wettbewerb und in der Sicherung des künftigen Wohlstandes unserer Gesellschaft darstellt" (Baltes 2007: 20), kann auf Basis der Ergebnisse unserer Alterskompetenzstudie nicht bestätigt werden. Im Gegenteil: IT-Projektleitern im untersuchten Unternehmen werden gerade im höheren Alter ab 50 Jahren insbesondere anspruchsvolle, komplexe und betriebserhaltende Projektaufgaben übertragen. Dies wäre sicherlich nicht der Fall, wenn die älteren Projektleiter über weniger Innovationskraft als die Jüngeren verfügten.

3.3 Chancen und Risiken

Der Diversity-Ansatz verspricht Vorteile für die Mitarbeiter und das Unternehmen. Werden die Unterschiede anerkannt und wertgeschätzt, kann der Mitarbeiter seinen Stärken entsprechend handeln – anders, als dies in einer monokulturellen Organisation der Fall wäre. Eine Organisation lernt insbesondere von denjenigen Mitgliedern, deren Wissen vom gegebenen Wissensbestand der Organisation abweicht. Vor diesem Hintergrund kommt March (1991) auf Basis einer Computersimulation zu folgenden Ergebnissen:

Das meiste Wissen in der Organisation resultiere, wenn diese schnell von den Individuen lernt, die sich wiederum nur langsam sozialisieren. Nach Carley (1992) sei zudem die Fluktuationsrate entscheidend: Je höher die Fluktuation, desto langsamer und weniger lernt die Organisation. Besonders anfällig seien hierbei Teams, die den Verlust eines Mitglieds im Vergleich zur Hierarchie nur schlechter ausgleichen können. Durch Diversity Management kann eine lebendige Gruppenmoral entstehen, welche die Identifikation mit der Organisation erleichtert und sich vermutlich positiv auf die Mitarbeiterbindung auswirkt. Weiterhin ist zu beachten, dass heterogene Entscheidungsgremien flexibler als homogene Gruppen auf Marktveränderungen reagieren können, da sie einem vermutlich geringeren Konformitätsdruck unterliegen und weniger anfällig sind für Betriebsblindheit.

Diversity Management erscheint nach diesen Ausführungen als der Inbegriff für Innovation, Kreativität und Betriebsklima. Dennoch bestehen durch ein falsch interpretiertes und angewandtes Diversity Management auch Risiken. Durch einseitige Konzeptionen und Implementierungsstrategien können soziale Desintegrationsprozesse evtl. sogar forciert werden, einhergehend mit Kommunikationsproblemen und einer fragmentierten Unternehmenskultur. Wichtig ist, dass die Wertschätzung des Unternehmens allen Mitarbeiter entgegengebracht wird, da sonst die Gefahr besteht, dass Unterschiede als Stereotypisierungen festgeschrieben werden. Wird die Komplexität des Diversity-Ansatzes nicht ernst genommen, kann es zu organisationalen Fehlanpassungen und Reibungsverlusten kommen, womit die ergriffenen Maßnahmen im Hinblick auf Effizienz und Effektivität insgesamt kontraproduktiv wirken. Weitere Nachteile werden in Zusammenhang mit der Marktpräsenz gesehen. Marken, die bisher eine eher konservative Positionierung aufweisen, können nur schwer eine Diversity-Ausrichtung annehmen, da die Gefahr besteht, traditionelle Käuferschichten zu verlieren. Des Weiteren können Führungskräfte, die jahrelang in homogenen, monokulturellen Organisationen unter den dortigen Bedingungen erfolgreich geführt haben, durch das neue Konzept verunsichert werden. Insbesondere mit dem „Learning and Effectiveness Approach" ist ein grundlegender, kultureller Wandel verbunden – ein Veränderungsprozess, der wahrscheinlich nicht von allen Mitarbeiter akzeptiert wird. Infolgedessen ist es nicht auszuschließen, dass „einige Akteure das Unternehmen verlassen, in die innere Kündigung gehen oder das Konzept zu sabotieren versuchen" (Aretz & Hansen 2002: 90). Neben den Differenzierungsmaßnahmen sind deshalb integrative Maßnahmen erforderlich, „damit die Organisation als Ganzes noch zusammengehalten werden kann und nicht aus dem Ruder läuft" (ebd.).

Ein bekanntes Phänomen ist das Lost-Memory-Syndrom. Darunter ist „der Verlust von Erfahrungen und Wissen über Personen, Prozesse und Strukturen im Unternehmen zu verstehen, der durch den Weggang älterer Mitarbeiter entsteht" (DGFP 2004, S. 21). Wenn das Wissen der Ausgeschiedenen im Unternehmen nicht dokumentiert wurde und somit nicht mehr zur Verfügung steht, ist es für Nachfolger sehr schwer, sich einzuarbeiten. Des Weiteren besteht beim Weggang älterer Arbeitnehmer das Leadership-Loss-Syndrom: Demnach bevorzugen jüngere Vorgesetzte einen eher zielorientierten und rationaleren Stil, interessieren sich mehr für die Arbeitsleistung, den „Output" der Mitarbeiter. Ältere Führungskräfte zeigen hingegen wesentlich mehr Interesse an der Person des Arbeitnehmers. Durch diesen wertschätzenden Führungsstil fördern sie ein höheres Commitment bei ihren Mitarbeiter (Friederichs & Althauser 2001). Unter Commitment ist eine grundsätzlich positive Einstellung dem Unternehmen gegenüber zu verstehen. Es bedeutet, dass sich die Mitarbeiter mit der Strategie, den Produkten und dem Arbeitgeber-Image identifizieren können (vgl. DGFP 2004, S. 22 f.).

Eine zentrale Aufgabe der Personalpolitik sollte darin bestehen, die Altersstruktur in den Betrieben ausgewogen zu gestalten, da durch die Dominanz einzelner Altersgruppen das Risiko besteht, dass Alterslücken im Personalbestand oder Verrentungswellen entstehen. Eine gute Mischung ist dann gegeben, wenn jeweils etwa ebenso viele Arbeitskräfte eingestellt werden wie ausscheiden und dabei keine Altersgruppe zahlenmäßig stark aus dem Rahmen fällt. Wenn absehbar ist, dass ein Großteil der Belegschaft in ein paar Jahren in den Ruhestand gehen wird, drohen den Unternehmen insbesondere zwei Risiken:

(1) Der schlagartige Verlust von Erfahrungswissen, der kaum noch kompensierbar ist, wenn die Mitarbeiter das Unternehmen verlassen haben. Es sollte also rechtzeitig ein Wissenstransfer gewährleistet werden, indem altersgemischte Arbeitsgruppen geschaffen werden und der Erfahrungsaustausch zwischen Älteren und Jüngeren begünstigt wird (ebd.).

(2) Eine massive Einstellungswelle wird notwendig. Dabei sollte sich die Rekrutierung von neuen Mitarbeitern nicht nur auf Junge konzentrieren, da sonst die Problematik zukünftig wieder von vorne beginnt, wie ein Welleneffekt. Die DGFP warnt: „Bei einer rein jugendzentrierten Rekrutierungsstrategie würde die Dominanz einer Altersgruppe durch die einer anderen abgelöst. Die Konsequenz wäre ein massiver Kulturwechsel mit erheblichen Übergangsproblemen" (DGFP 2004, S. 15).

In einigen Betrieben hat bereits eine Kulturänderung im Sinne von Diversity begonnen und es wurden entsprechende Maßnahmen ergriffen, um den demografischen Wandel in Angriff zu nehmen. Inwieweit verschiedene Unternehmen des Landes Bremen und Bremerhaven darauf vorbereitet sind, wurde mittels Experteninterviews hinterfragt.

Ergebnisse der Interviews

4 Ergebnisse der Experteninterviews

Untersuchungen zum demografischen Wandel liegen für Bremen einerseits vor. So hat z.B. die Arbeitnehmerkammer Bremen zum Thema „Betriebe im demografischen Wandel" verschiedene Beispiele guter Praxis aufgezeigt.[16] Andererseits bleibt die Haltung hinter den Praktiken unklar. Sind diese Anzeichen für Akzeptanz, Integration und Wertschätzung oder stellen die dokumentierten Beispiele vereinzelte „Leuchttürme" dar?

Ziel unserer Studie ist eine qualitative Analyse exemplarischer betrieblicher Praxis hinsichtlich der bestehenden Situation, Wahrnehmung und Handlungsplanung zum Thema „Age Diversity Management und Weiterbildung". Die Untersuchung wurde in drei Forschungsfelder aufgeteilt. Die inhaltsanalytische Auswertung der Interviews hat folgende Kategorien ergeben (vgl. Tabelle 15).

Tabelle 15: Kategorien der Untersuchung

Situation	Wahrnehmung	Handlungsplanung
Diversity Management Demografischer Wandel • Altersstruktur • Desintegration • Wissen und Erfahrung Weiterbildung • Funktion • Bedarfsermittlung • Angebot für Ältere	Marktorientierte Sicht Demografischer Wandel • Risiken • Chancen • Image älterer MA • Handlungsfelder Weiterbildung für Ältere	Diversity Management • Gleichbehandlungsgesetz • Betriebliche Beispiele Demografischer Wandel • Gesundheitsmanagement • Personalrekrutierung • Aus- und Weiterbildung

Inwieweit die Schwelle von der bloßen Wahrnehmung zur konkreten Handlungsplanung in den untersuchten Firmen überwunden wird oder besteht, ist eine zentrale Frage der Studie.

---

16 Vgl. hierzu: Arbeitnehmerkammer Bremen (Hrsg.) (2005): Betriebe im demografischen Wandel. Beispiele guter Praxis im Land Bremen. Aus der Reihe „Arbeiten und Altern im Land Bremen."

4.1 Forschungsdesign

Ein wesentlicher Vorteil qualitativer Methoden besteht in ihrer Flexibilität sowohl für den Interviewer als auch den Interviewten. Die Vorgehensweise ermöglicht einen tiefen Informationsgehalt. Qualitative Forschungsmethoden eignen sich insbesondere, wenn eine differenzierte Beschreibung individueller Meinungen und Einstellungen intendiert ist. Ein Nachteil der qualitativen Methoden besteht allerdings darin, dass es nicht möglich ist, allgemeingültige Ergebnisse zu erhalten. Insbesondere ist – im Gegensatz zu den quantitativen Methoden – keine ausreichende Objektivität gegeben. Trotz dieser Nachteile eignen sich qualitative Methoden insbesondere für die Untersuchung zum demografischen Wandel in Bremen und Bremerhaven, da die individuellen Meinungen der Interviewpartner eine zentrale Rolle spielen, um den Zusammenhang von Situation, Wahrnehmung und Handlungsplanung in den Unternehmen zu verstehen.

Experteninterviews

Gläser & Laudel definieren die Begriffe „Experte" und „Experteninterview" wie folgt: „Experten sind Menschen, die ein besonderes Wissen über soziale Sachverhalte besitzen, und Experteninterviews sind eine Methode, dieses Wissen zu erschließen" (Gläser & Laudel 2006: 10). Untersuchungen, in denen mittels Interviews das Wissen von Experten über einen bestimmten sozialen Sachverhalt erschlossen wird, sind in den Sozialwissenschaften weit verbreitet. Die Experten sind nicht das „Objekt" der Studie, sondern vielmehr „Zeugen" der interessierenden Prozesse. So werden z.B. Mitarbeiter in Unternehmen befragt, um Informationen über die Struktur des Unternehmens und über interne Prozesse zu erhalten, da sie als Akteure des Untersuchungsfeldes über ein internes Betriebswissen verfügen. Auf Basis dieses „Insider-Wissens" kann wiederum eine Analyse der betrieblichen Prozesse und Handlungsstrukturen erfolgen.

In der vorliegenden Studie wurden die Experten mithilfe eines Leitfadens interviewt. Zu Beginn der Untersuchung wurde ein Interviewleitfaden mit Fragen erstellt, die in den Interviews besprochen werden sollten. Generell sind beim Leitfadeninterview weder die Frageformulierungen noch die Reihenfolge der Fragen verbindlich. Um einen natürlichen Gesprächsverlauf zu ermöglichen, können Fragen aus dem Interviewleitfaden außer der Reihe gestellt werden, sofern es sich ergibt. Mitunter kommen die Interviewpartner auch von selbst auf ein bestimmtes Thema zu sprechen.

Datenerhebung

Im Folgenden werden die einzelnen Schritte von der Vorbereitung bis hin zur Transkription der Interviews beschrieben.

Vorbereitung auf den Untersuchungsgegenstand: Die theoretische Vorbereitung auf den Untersuchungsgegenstand ist im ersten Teil dokumentiert.

Erstellung des Interviewleitfadens: Der Interviewleitfaden fokusierte die Themen „Demografischer Wandel", „Diversity Management" und „berufliche Weiterbildung":

- *Diversity Management:* Ist Diversity Management ein Thema in den Unternehmen? Wie wird die personelle Vielfalt wahrgenommen? Welche Chancen und Risiken werden gesehen? Im August 2006 wurde das AGG (Allgemeines Gleichbehandlungsgesetz) in Deutschland verabschiedet. Hat dies zu Veränderungen geführt? Wo liegen die zukünftigen Herausforderungen?

- *Demografischer Wandel:* Wie macht sich der demografische Wandel bemerkbar oder wird er noch nicht wahrgenommen? Wie werden ältere Mitarbeiter (50 plus) im Unternehmen gesehen? Als „Chance", als „Problem"? Wie wird dies sichtbar? Inwieweit wird auf die Leistungspotenziale/-profile der jüngeren und älteren Mitarbeiter eingegangen? Gibt es Konzepte, die den demografischen Wandel in Angriff nehmen?

- *Berufliche Weiterbildung:* Wie wird Weiterbildung in den Unternehmen organisiert? Wer initiiert Weiterbildung? Wie wird die Auswahl hinsichtlich Angebot und Anbieter getroffen? Wie wird der Erfolg von Weiterbildungsmaßnahmen evaluiert? Spielt das Alter hinsichtlich Teilnahme an und Angebot von Weiterbildung eine Rolle? Wenn ja, welche? Existieren für ältere Mitarbeiter andere Weiterbildungskonzepte als für jüngere? Wird Weiterbildung für Mitarbeiter über 50 angeboten?

- *Handlungsplanung:* Wo liegt der aktuelle Fokus in der Personalarbeit? Was sind aktuelle Probleme? Was muss in der Personalentwicklung und der beruflichen Weiterbildung getan werden, um mit der demografischen Entwicklung künftig umgehen zu können?

Auswahl der Stichprobe: Die Auswahl der KMU und Großunternehmen sowie der Experten erfolgte über telefonische Erstkontakte. In diesen Gesprächen wurde bereits im Vorfeld der thematische Rahmen des Interviews geklärt. In fast allen Unternehmen wurden Personalverantwortliche befragt.

Die einzige Ausnahme bildet das Unternehmen n9. Hier führten wir das Gespräch mit einem Betriebsrat. Da dieser Experte eine zusätzliche Perspektive für die Untersuchung lieferte, war diese Auswahl von Vorteil. Kriterium für die Auswahl der Unternehmen war einerseits die Branchenzugehörigkeit sowie die Betriebsgröße. Es sollten verschiedene Branchen (u.a. Lebensmittel, Bau, Versandhandel, Luft- und Raumfahrt, Automobil, Schiffsausrüstung, Ingenieurdienstleistung) und unterschiedliche Betriebsgrößen im Sample vertreten sein. Um die Anonymität der Daten zu gewährleisten, werden die Betriebe in der Tabelle (vgl. Tabelle 16) mit einer fortlaufenden Nummer gekennzeichnet und die Interviewpassagen aufgrund der möglichen Querreferenzierung nicht mit einer identifizierenden Variablenkennzeichnung versehen.

Durchführung der Interviews

Alle Interviews begannen zunächst mit einer kleinen „Aufwärmphase". Nach dieser begannen die Aufzeichnung der Interviews und das eigentliche Experteninterview. Der Interviewleitfaden diente als Orientierung, wobei darauf geachtet wurde, dass jede Frage im Laufe des Gesprächs besprochen wurde. Darüber hinaus wurde der Leitfaden stets durch Nachfragen ergänzt, die sich spontan aus den Antworten der Experten ergaben. Die Stimmung in den Interviewsituationen war angenehm und es herrschte eine freundliche und offene Atmosphäre.

Tabelle 16: Angaben zu den befragten Experten und Betrieben

Unternehmen	n1	n2	n3	n4	n5
Branche	Dienst-leistung	Produzieren-des Gewerbe	Produzieren-des Gewerbe	Dienst-leistung	Produzieren-des Gewerbe
Mitarbeiter	< 500	< 500	< 500	< 500	< 500
Position im Unternehmen	Personal-referentin	Personal-leiterin	Personal-leiter	Personal-referentin	Personal-leiter
Alter	< 50	< 50	< 50	< 50	> 50
Jahre im Unternehmen	> 5	> 5	> 5	> 5	> 5

Unternehmen	n6	n7	n8	n9	n10
Branche	Dienst-leistung	Produzieren-des Gewerbe	Produzieren-des Gewerbe	Produzieren-des Gewerbe	Produzieren-des Gewerbe
Mitarbeiter	< 500	< 500	> 500	> 500	> 500
Position im Unternehmen	Personal-referentin	Personal-referent	Personal-referent	Betriebsrat	Personal-referent
Alter	< 50	< 50	> 50	< 50	< 50
Jahre im Unternehmen	< 5	< 5	> 5	> 5	> 5

Die Interviewpartner sind zwischen 35 und 50 Jahren alt (im Durchschnitt 43 Jahre), zeigten sich am Untersuchungsthema interessiert und waren sehr kommunikativ. Die Interviews dauerten zwischen 45 und 60 Minuten – teilweise länger (bis zu 90 Minuten).

Transkription der Interviews: Nach der Durchführung der Experteninterviews wurden diese jeweils zeitnah transkribiert. Als Ergebnis der Transkriptionen stand schließlich eine große Fülle an Textmaterial zur Auswertung bereit.

Datenauswertung

Qualitative Inhaltsanalyse: Als Auswertungsmethode wurde die qualitative Inhaltsanalyse nach Mayring (2003) verwendet. Die qualitative Inhaltsanalyse ist eine Methode zur Analyse von Texten, die Anfang der 1980er Jahre von Philipp Mayring entwickelt wurde. Den Texten werden die darin enthaltenen Rohdaten entnommen, aufbereitet und ausgewertet. Der Kern dieses Verfahrens ist die Extraktion, d.h. die Entnahme der benötigten Informationen aus dem Text. Für eine gezielte Extraktion ist es hilfreich, vorher ein Suchraster mit Kategorien anzulegen. Ein solches Kategoriensystem wurde mithilfe theoretischer Vorüberlegungen konstruiert. Gläser & Laudel kritisieren, dass das Kategoriensystem in der qualitativen Inhaltsanalyse nach Mayring geschlossen und somit veränderungsresistent ist. Deshalb haben die Autoren diesbezüglich eine Änderung eingeführt: ein offenes Kategoriensystem, welches durchaus während der Extraktion verändert wer-

den kann. Dies sei notwendig, wenn der Text Informationen enthält, die re-
levant sind, aber nicht in das Kategoriensystem passen (vgl. Gläser & Laudel
2006: 195). In einem weiteren Schritt werden die extrahierten Rohdaten
aufbereitet, d.h. zusammengefasst, und auf u.a. Redundanzen und Widersprüche überprüft. Dadurch entsteht eine strukturierte Informationsbasis,
auf die sich die anschließende Auswertung bezieht. Hierbei wird die Re-
konstruktion der Fälle vorgenommen und es wird nach den interessierenden Zusammenhängen gesucht. Das Ergebnis ist die Antwort auf die empirische Frage, die mit der Untersuchung gestellt wurde. Es sei noch darauf
hingewiesen, dass alle Schritte bei der qualitativen Inhaltsanalyse auf
Interpretationsprozessen beruhen. Um z.B. bei einer Extraktion entscheiden zu können, welche relevanten Informationen im Text enthalten sind,
muss dieser interpretiert werden. Das Gleiche gilt für die Aufbereitung: Ob
Informationen z.B. für widersprüchlich gehalten werden, ist eine Frage des
individuellen Verstehens. Im Folgenden werden die einzelnen Auswer-
tungsschritte der qualitativen Inhaltsanalyse anhand der vorliegenden Studie beschrieben.

Erarbeiten eines Kategoriensystems: Zunächst wurden für die drei Forschungsfelder „Situation", „Wahrnehmung" und „Handlungsplanung" Un-
terkategorien entwickelt. Beispiele: Situation / Altersstruktur (SIT/ALT);
Wahrnehmung / Demografischer Wandel (WAHR/DEM); Handlungsplanung / Weiterbildung (HAN/WB). So entstand ein umfangreiches Kategoriensystem.

Kategorisieren: Alle Interviewtexte wurden zunächst „in Handarbeit" grob
kodiert. D.h., jeder relevanten Textstelle im Material wurde die passende
Kategorie (manchmal auch mehrere Kategorien) zugeordnet und am Sei-
tenrand farblich kenntlich gemacht. Während dieses Vorgangs wurde das
Kategoriensystem laufend durch neue Variablen ergänzt. Anschließend
wurden alle Interviewtexte sowie das Kategoriensystem in das Programm
„MAXQDA" übertragen und das Material computerunterstützt fein kodiert.

Extrahieren der relevanten Informationen: Nach der Kodierung folgte die
konkrete Extraktion: Mithilfe von „MAXQDA" wurden alle Textausschnitte
den jeweiligen Kategorien zugeordnet und eine Übersicht geschaffen. Beispiel: Zur Kategorie „Situation/Altersstruktur" wurden alle dazugehörigen
Textfragmente/Codings der gesamten Interviews abgerufen und zu Word
exportiert. So entstanden übersichtliche Dateien zu allen Kategorien.

Aufbereitung der Textfragmente: Jede einzelne Kategorie bzw. Merkmalsausprägung wurde mit den dazugehörigen Textpassagen untersucht. Dabei wurden Gemeinsamkeiten, Unterschiede und Widersprüche herausgearbeitet und zusammengefasst.

Auswertung der Ergebnisse: Im letzten Schritt wurden die Ergebnisse im Zusammenhang interpretiert. In den folgenden drei Kapiteln werden die Ergebnisse vorgestellt, unterteilt in die drei Untersuchungskategorien „Situation", „Wahrnehmung" und „Handlungsplanung.

4.2 Untersuchungskategorie Situation

In dieser Kategorie werden die Aussagen der Experten zur aktuellen Situation in den befragten Unternehmen zusammengefasst, wie z.B. Ergebnisse hinsichtlich der Altersstruktur, der Weiterbildungspraxis und des bisherigen Umgangs mit älteren Mitarbeitern. Alle wörtlichen Zitate der Interviewpartner sind durch Einrückung kenntlich gemacht.

Diversity Management

Diversity Management kann einerseits strukturell in einem Unternehmen verankert sein. Andererseits kann Diversity Management nur funktionaler Bestandteil der betrieblichen Praxis sein. Der Umgang mit Vielfalt ist in einem solchen Fall eher zufällig und die Umsetzung ist oftmals situativ, unsystematisch und lokal begrenzt. Insofern werden zwei Kategorien unterschieden: (1) Diversity Management als Struktur und (2) als Funktion.

Diversity Management als Struktur

Diversity Management ist in zwei der befragten Firmen implementiert. Hierbei handelt es sich um die Großunternehmen. In einem Unternehmen wird Diversity Management bereits seit den 1990er Jahren im Sinne einer bewussten Gleichbehandlung der Mitarbeiter praktiziert. Bislang lag der Schwerpunkt auf der Frauenförderung. Zum einen wurden Teilzeitarbeitsverhältnisse geschaffen und zum anderen wurden Führungspositionen von Frauen besetzt. Darüber hinaus wurde in der Ausbildung der Anteil der Frauen deutlich erhöht – so sind derzeit 15 Prozent der Auszubildenden in der technischen Ausbildung Frauen. Es wird zudem darauf geachtet, dass im Zweifelsfall eher zugunsten einer weiblichen Bewerberin entschieden wird. Die Gleichbehandlung der Mitarbeiter wird durch diverse Betriebs-vereinbarungen und das AGG geregelt. Zudem setzen sich der Betriebsrat sowie weitere Beauftragte (z.B. für das Thema Schwerbehinderung) aktiv mit dem Thema auseinander. Um die Beschäftigten für den „fairen Umgang am Arbeitsplatz" zu sensibilisieren, wurde eine Antidiskriminierungskampagne mit entsprechenden Plakaten durchgeführt. Des Weiteren werden regelmäßig Dialoge im Team ermöglicht, um auch schwierige Themen, insbesondere Diskriminierung am Arbeitsplatz (u.a. Sexismus, Rassismus, Lookism, Klassismus), offen ansprechen zu können. Im zweiten Großunternehmen ist Managing Diversity ebenfalls ein Regelbestandteil der Unternehmenskultur. Bei der Einstellung neuer Mitarbeiter wird gezielt darauf geachtet: „Ist das jemand, der auch so'n bisschen Diversity ins Unternehmen bringt?" Insgesamt werden verschiedene Facetten der Vielfalt berücksichtigt, wie z.B.: (1) Frauen im Management; (2) Behinderte – Nichtbehinderte; (3) Männer in Elternzeit; (4) Kulturelle Unterschiede; (5) Internationalität und Mobilität (Möglichkeit der Mitarbeiter, ins Ausland zu gehen). Diversity im Sinne von *altersgemischten Teams* wird in beiden Unternehmen intendiert und aktiv gefördert. In den KMU ist Diversity Management hingegen kein geläufiger Begriff, wie folgendes Zitat zeigt:

> „Interviewer: Ist Diversity Management ein Thema in Ihrem Unternehmen? Ist das ein Thema, womit sich die Menschen beschäftigen? (kurzes Schweigen) Interviewpartner: Da müssen Sie mir mal eben sagen, was es bedeutet."

Es fehlt in den KMU zudem an oben genannten charakteristischen Diversity-Aktivitäten der Großunternehmen, wie z.B. Diversity als Kriterium der Einstellung, Diversity als Gegenstand gezielter Personalentwicklung und Diversity als Thema der Unternehmenskommunikation.

Diversity Management als Funktion

Funktional wird in den Unternehmen hingegen versucht, z.B. auf die unterschiedlichen Leistungspotenziale der Mitarbeiter Rücksicht zu nehmen, wobei das Leistungsprofil in Abhängigkeit zum Anforderungsprofil gesehen wird. Gleichwohl Diversity Management nicht strukturell verankert ist, ist ein Umgang mit Vielfalt zumindest funktional aus arbeitsorganisatorischer Sicht gegeben. Schnelle und körperlich schwere Arbeiten werden beispielsweise eher von jüngeren Mitarbeitern verrichtet, wohingegen das Erfahrungs-, Netzwerk- und Methodenwissen der Älteren in anderen Situationen zum Tragen kommen. Zudem wird versucht, die vermeintlichen

„Schwächen" der älteren Mitarbeiter durch die Unterstützung von Kollegen oder durch Job Rotation auszugleichen.

> „Weil es ist ja nicht so, dass überall die gleiche körperliche Leistung oder auch die gleiche Schnelligkeit gebracht werden muss. Sondern es gibt ja auch noch Arbeitsplätze, wo man alleine arbeiten kann oder wo man sich das so einteilen kann, wie man das braucht."

Demografischer Wandel

Im Personalbereich der befragten Unternehmen lassen sich im Kontext des demografischen Wandels drei zentrale Kategorien identifizieren: (1) Altersstruktur, (2) Desintegration älterer Mitarbeiter sowie (3) Wissen und Erfahrung.

Altersstruktur

n1: Bis vor wenigen Jahren lag der Altersdurchschnitt noch bei über 50 Jahren. Vor acht Jahren wurde die Altersteilzeit eingeführt, extrem genutzt und die gesamte Belegschaft massiv verjüngt. Der Altersdurchschnitt liegt heute bei unter 43 Jahren.

n2: Das steigende Durchschnittsalter wird wahrgenommen. Problematischer sei allerdings der Mangel an Fachkräften. Das Durchschnittsalter liegt in manchen Abteilungen bei über 43 Jahren. Dem Erfahrungswissen der älteren Mitarbeiter wird eine hohe Bedeutung zu gemessen.

n3: Der Altersdurchschnitt liegt bei 41 Jahren. Es besteht ebenfalls ein Mangel an Fachkräften. Alter und Altern werden im Gegensatz zu n2 jedoch als Problem gesehen, da die Arbeit körperlich anstrengend ist (Baugewerbe).

n4: Das Durchschnittsalter liegt bei ca. 35–40 Jahren. Einzelne Mitarbeiter sind bereits seit 25 Jahren im Unternehmen. Insgesamt handelt es sich um ein „relativ junges Team" mit vielen ehemaligen Auszubildenden. Leistungsfähigkeit sei keine Frage des Alters, sondern sie sei in erster Linie abhängig von der individuellen Arbeitseinstellung.

n5: Im Unternehmen arbeiten viele junge Mitarbeiter, die ehemals im eigenen Unternehmen ausgebildet wurden (wie bei n4). Mitarbeiter übernehmen bereits ab 30 Jahren Führungspositionen. Es wurden gezielt einige wenige ältere Mitarbeiter neu eingestellt.

n6: Im Unternehmen n6 sind viele junge Hochschulabsolventen beschäftigt. Es wird auf eine ausgewogene Altersstruktur und die Einbindung älterer Mitarbeiter geachtet.

n7: In diesem Unternehmen sind ca. 30 % der Beschäftigten über 50 Jahre alt. Die restliche Belegschaft besteht zu ca. 10 % aus Auszubildenden und vielen Mitarbeitern zwischen 20 und 30 Jahren. Insgesamt wird die Altersstruktur als ausgeglichen empfunden.

n8: Der Altersdurchschnitt variiert je nach Belegschaftsgruppe: Verwaltung (über 50 Jahre), Produktion (40–45 Jahre), Service (40–45 Jahre). Die Alterung der Belegschaft ist eine Spätwirkung der Einstellungspraxis in der Vergangenheit. Damals wurden „in Wellen" ganze Kohorten jüngerer Mitarbeiter eingestellt. Die Mitarbeiter sind mit dem Unternehmen gealtert. In den letzten Jahren verließen viele ältere Mitarbeiter das Unternehmen.

n9: Die Altersstruktur hat sich in der letzten Dekade stark verändert, da viele ältere Mitarbeiter gleichzeitig ausschieden. Das Durchschnittsalter liegt heute bei etwas über 40 Jahren und wird als relativ hoch empfunden. Eine Überalterung bestehe allerdings nicht mehr, da frühzeitig umstrukturiert wurde und viele junge Mitarbeiter neu hinzu gekommen sind.

n10: Das Durchschnittsalter liegt bei ca. 43 Jahren. Die meisten älteren Mitarbeiter sind in der Produktion beschäftigt, während die Mitarbeiter in der Verwaltung deutlich jünger sind. In den letzten Jahren verließen viele ältere Mitarbeiter das Unternehmen.

Desintegration älterer Mitarbeiter

In vier Unternehmen wurden in den letzten Jahren verstärkt ältere Mitarbeiter frei gesetzt. Die Einführung und Nutzung der Altersteilzeit haben dazu geführt, dass die Belegschaft deutlich verjüngt wurde. Insbesondere im Zuge von Restrukturierungsprozessen seien viele ältere Mitarbeiter durch Altersteilzeitverträge und Aufhebungsverträge ausgegliedert worden. Ein Interviewpartner stellt die Situation wie folgt dar:

> „... dass man gesagt hat „Ja, irgendwie muss man sehn, dass man die „Alten" los wird. Egal wie!" ((lachender Unterton)) So, und dann hat man die entweder solange mit Geld beworfen, dass sie von alleine gegangen sind oder man hat ihnen das irgendwie schmackhaft gemacht, und irgendwie sind sie dann gegangen."

Die älteren Mitarbeiter wurden meist ab einem bestimmten Datum aufgefordert, das Unternehmen zu verlassen. Dies deutet auf eine strategische Unternehmensentscheidung hin. Als Gründe wurden genannt, dass trendige Produkte eine junge Belegschaft erforderten, dass die Technologieführerschaft mit älteren Mitarbeitern nicht zu sichern sei, dass ältere Mitarbeiter zu unflexibel seien und dem notwendigen Wandel im Unternehmen nicht folgen könnten. In einem Fall wurde pauschal das Erscheinungsbild des Unternehmens, das ältere Mitarbeiter im Vertrieb beschäftige, als „erbärmlich" bezeichnet. Im Gegensatz hierzu ist eine zweite Gruppe von Unternehmen identifizierbar, die genau das Gegenteil anmerkte: Ältere Mitarbeiter seien wichtige Wissensträger, die Ruhe und Risikobewusstsein verkörperten und ohne deren Know-how nichts funktionieren würde. Diese Experten weisen ergänzend auf die Notwendigkeit der Frühverrentung „für beide Seiten" hin, die in bestimmten Fällen notwendig sei:

> „Das ist weiterhin ein notwendiges Instrument für beide Seiten. Es gibt einfach Mitarbeiter, die aufgrund der körperlichen Konstitution nicht mehr so leistungsfähig sind. Nehmen wir den Schichtbetrieb. Es ist überwiegend sich wiederholende Arbeit. Das ist belastend und das muss man wissen. Den einen oder anderen belastet es so stark, dass er sagt „Ich brauch das eigentlich nicht mehr, ich bin finanziell abgesichert, ich möchte nicht mehr!" und unterschreibt einen Altersteilzeitvertrag, was bedeutet, dass man nach den heutigen Bedingungen in etwa mit 60 ausscheidet."

Der Beschluss der Bundesregierung, das Renteneintrittsalter auf 67 Jahre zu erhöhen und die Frühverrentungspraxis einzuschränken, wird von diesen Experten massiv kritisiert. Vor allem in der Produktion sei es nicht möglich, bis ins hohe Alter zu arbeiten. Die Praxis werde jedoch unabhängig hiervon ihren eigenen Weg gehen:

> „D.h. das, was ja auch politisch gerade diskutiert wird, Rente mit 67, haben wir hier eh seit Jahren nie gehabt, und haben wir heute auch nicht, und das werden wir auch nicht haben."

Es wird erwartet, dass nach der Aufhebung der Altersteilzeit im Jahr 2009 ein neues Modell verabschiedet wird, das auch weiterhin den frühen Ausstieg älterer Mitarbeiter ermöglicht.

Wissen und Erfahrung

In der Hälfte der befragten Unternehmen zeichnet sich bereits heute ein Mangel an geeigneten Fachkräften ab. Aus zahlreichen Bewerbern auf dem

Markt ließen sich nur wenige passend qualifizierte Mitarbeiter rekrutieren. Zwei Unternehmen äußern eine besonders hohe Nachfrage nach Ingenieuren.

> „Also, im letzten Jahr hätten wir eigentlich noch mehr einstellen können, haben aber am Markt gar nicht genug Leute bekommen. Ja, es ist schwierig. Ganz, ganz schwierig, Ingenieure zu kriegen. Also gute Maschinenbauer."

Die Möglichkeit, dem Fachkräftemangel durch die Einstellung älterer Mitarbeiter entgegenzuwirken, hat bislang erst ein Unternehmen und das auch nur in sehr begrenztem Umfang wahrgenommen.

Das firmeninterne Erfahrungswissen der beschäftigten älteren Mitarbeiter wird in den Unternehmen meist informell und „unter der Hand" abgerufen.

> „Man weiß halt, wenn ich ein Problem hab, wenn ich nicht weiter weiß – der ist schon seit 20 Jahren hier, ich frag als erstes den Kollegen!"

Diese Praxis dürfte den Entscheidern im Personalbereich bekannt sein, die Bedeutung dieser Praxis wird allerdings offensichtlich unterschätzt. In den oben genannten Unternehmen führte der Ausstieg älterer Mitarbeiter zu einem unmittelbaren Know-how-Verlust. Vor allem das firmenspezifische Wissen der älteren und erfahrenen Mitarbeiter fehlte. Ein Interviewpartner beschreibt das „Lost-Memory-Syndrom" wie folgt:

> „Viele Leute waren lange hier beschäftigt, haben Know-how angesammelt, hatten aber gar keine Zeit, das weiterzugeben, an die Neuen sozusagen. Die hatten keine Erfahrung, und, ja, und plötzlich standen sie vor der Situation, sollten neue [...] entwickeln und wussten eigentlich gar nicht, wie das richtig funktioniert. Wir hatten so groteske Situationen, dass wir Abteilungen hatten, wo Leute waren, meinetwegen zehn Leute, davon waren neun maximal zusammen zehn Jahre da, und dann gab es einen, der war zwanzig Jahre da oder so. Der sollte dann sozusagen der Know-how-Träger sein, und dass das nicht funktioniert, das kann sich jeder an fünf Fingern abzählen, dass das nicht geht."

Dieser Wissensverlust führte in Folge zu Kompensationsmaßnahmen, wie z.B. die Rückeinbindung älterer Mitarbeiter über befristete Verträge.

Weiterbildung

Die zentralen Kategorien in diesem Themenbereich sind: (1) Funktion der Weiterbildung, (2) Ermittlung des Weiterbildungsbedarfs sowie (3) Weiterbildungsangebot für ältere Mitarbeiter.

Funktion der Weiterbildung

In den Großunternehmen wird Weiterbildung als Anpassung- und Aufstiegsqualifizierung gesehen, wie folgende Interviewpassage verdeutlicht. Demnach haben betriebliche Qualifizierungsmaßnahmen das Ziel,

> „den Mitarbeiter für seine Stelle, für seine Jobinhalte fit zu machen, zum einen. Zum anderen aber auch natürlich zu sehen, welche Entwicklungsperspektiven hat der Mitarbeiter individuell, und welche Kompetenzen muss er besser entwickeln, um dann diesen Karriereweg auch gehen zu können?"

Im Hinblick auf die Wettbewerbsfähigkeit sei die betriebliche Weiterbildung von großer Bedeutung. Es wird als wichtig angesehen, stets „am Markt zu bleiben" und neue Produkte mit modernen Technologien herstellen zu können. So sollen z.B. in einem Großunternehmen in zehn Jahren alle Mitarbeiter in der Lage sein, eine bestimmte Technologie zu beherrschen. Um bis dahin das notwendige Know-how bei den Mitarbeitern sicherzustellen, wird heute bereits angefangen, die Mitarbeiter entsprechend zu qualifizieren. In diesem Sinne ist Weiterbildung eine langfristige Strategie, die sich allerdings in dieser Form bei den KMU nicht findet.

Ein KMU Personalexperte betont hingegen einen anderen Aspekt: Weiterbildungsmaßnahmen dienen nicht nur der persönlichen Qualifizierung, sondern der flächigen Qualifizierung durch Wissensweitergabe „im Schneeballprinzip" an andere Mitarbeiter. Dadurch würde nicht nur das neu erworbene Know-how der geschulten Mitarbeiter überprüft, sondern auch die Kosten für weitere Schulungen eingespart. Die Teilnehmer an Weiterbildung wirken als Multiplikatoren im Unternehmen.

Von allen Experten wird der Nutzenaspekt der beruflichen Weiterbildung besonders betont:

> „Von den Zeiten ist man eh weg, dass man Weiterbildung als Belohnung oder so verstanden hat, oder gar als gesamten Teamausflug oder so etwas. Da sind ja alle Unternehmen von weg. Alle machen nur noch das, was absolut notwendig ist."

> „Wir fangen bei der Neueinstellung an: Was bringt der Mitarbeiter mit, was hat er im Gepäck sozusagen? Was können wir davon gebrauchen, und was können wir davon nicht gebrauchen? Und das, was er nicht im Gepäck hat, muss dann natürlich irgendwo geschult werden. Das fängt eigentlich schon damit an, dass wir sagen, wir müssen einen Einarbeitungsplan für den machen."

„Wir haben hier ein modernes Produktionssystem – alles standardisiert und kontrolliert. Mit einer Qualifizierungsmatrix wird regelmäßig geprüft, wo der Mitarbeiter in seiner Qualifizierung steht. Wir haben dafür eine Ampelschaltung. Wo ist eine Ampel grün und wo ist sie rot – wo muss noch was getan werden?"

„Wir haben für jede Funktion ein Qualifikationsprofil erstellt mit Kompetenzfeldern: Fachkompetenz, Sozialkompetenz, Methodenkompetenz und bei Führungskräften eben Führungskompetenz. Dieses Profil ist ein lebendes Teil, was natürlich erfordert, wenn sich der Job ändert, dass das Profil angepasst werden muss. Dieses Qualifikationsprofil wird einmal im Jahr, immer im September oder Oktober, mit dem Mitarbeiter besprochen, wo evtl. Defizite bestehen."

Ermittlung des Weiterbildungsbedarfs

In allen Fällen wird der Weiterbildungsbedarf in Gesprächen zwischen Vorgesetzten und Arbeitnehmern ermittelt. Diese Mitarbeitergespräche finden in der Regel ein- bis zweimal im Jahr statt. Im Gespräch werden die berufliche Entwicklung des Beschäftigten sowie die gegebenen Diskrepanzen zwischen seinen Kompetenzen und den Job-Anforderungen geklärt. In diesem Zusammenhang wird besprochen, welche Qualifizierungsmaßnahme dem bestehenden Bedarf entspricht. Außerdem wird bei der Genehmigung einer Weiterbildungsmaßnahme immer der Kostenfaktor berücksichtigt. Der Vorgesetzte muss abwägen, ob und wie viel vom vorhandenen Budget noch in Weiterbildung investiert werden kann. Nachdem die Maßnahme von der Geschäftsleitung genehmigt ist, wird sie an die Personalentwicklung oder Weiterbildungsabteilung weitergeleitet. Diese ist wiederum für den administrativen Ablauf verantwortlich, z.B. für die Auswahl der passenden Trainer, die Anmeldung der Mitarbeiter bei externen Anbietern. Die Einstellung des jeweiligen Vorgesetzten ist hierbei entscheidend, inwiefern sich die Mitarbeiter an Weiterbildung beteiligen können:

„Ist das jemand, der da hinterher ist, dass sein Mitarbeiter geschult wird? Dann wird der natürlich sehr oft beim Geschäftsführer auflaufen und sagen „Ich brauch, ich brauch, ich brauch." Ist es jemand, der sagt „Wir wurschteln uns hier irgendwie durch." Ist vielleicht auch kostenbewusst und sagt „Oh Gott, jetzt hab ich schon zwei Leute auf'n Seminar geschickt, das kann ja gar nicht sein, dass wir noch mehr Geld dafür ausgeben. Das machen wir erst mal nächstes Jahr!" Dann wird in dieser Abteilung vielleicht weniger weitergebildet."

In einem Unternehmen erfolgt die Weiterbildung projektbezogen und Schulungen werden grundsätzlich von externen Anbietern eingekauft. Die *„förderungswürdigen"* Mitarbeiter werden gezielt identifiziert. Neben dieser direkten leistungsbezogenen Qualifizierung wird eine potenzialorientierte Weiterbildung als etwas Störendes im Tagesgeschäft empfunden:

> „Aus- und Weiterbildung – man kann die Leute nicht nebenbei nerven mit Kursen. Die können sich teilweise neben ihrem Job, der sehr anstrengend ist und auch viel Zeit konsumiert, nicht auch noch auf andere Themen konzentrieren. Kaum möglich."

Die Anforderungen, die Funktionalität der Maßnahme sowie die Haltung der Vorgesetzten sind demnach entscheidend, ob Weiterbildung angeboten wird. Inwiefern Personenmerkmale, insbesondere das Alter, bei der Entscheidung für oder gegen Weiterbildung eine Rolle spielt, wurde gesondert erfragt.

Weiterbildung älterer Mitarbeiter

In sechs der untersuchten Firmen spiele das Alter für die Weiterbildungsbeteiligung keine Rolle. Alle Mitarbeiter erhielten, unabhängig von ihrem Alter oder anderen Merkmalen, die gleichen Qualifizierungschancen, da die zu bewältigende Arbeitsaufgabe im Vordergrund stünde und nicht die Person. Der Wettbewerb der Unternehmen verhindere eine Ungleichbehandlung. Die Weiterbildung Jüngerer und Älterer sei deshalb unentbehrlich. In folgender Interviewpassage wird diese Haltung deutlich.

> „Interviewer: Die Mitarbeiter über 50 Jahre werden also auch qualifiziert? Interviewpartner: Auf alle Fälle! Das ist ein Muss. Wir haben ja nicht zu viel Personal an Bord. Wir brauchen jeden, den wir haben. Jeder muss versuchen, 100 % Wertschöpfung zu bringen. Insofern müssen auch die Älteren, und wir haben viele, die 45, 50 Jahre und älter sind, auch die Älteren müssen ihre Leistung bringen, den neuen Anforderungen gerecht werden. Das könnten wir uns gar nicht leisten, die nicht mehr zu qualifizieren."

Älteren Mitarbeitern wird jedoch nicht immer die Chance zur persönlichen Weiterbildung gewährt.

> „Ja, es ist ganz klar und es liegt auf der Hand: Wenn jemand relativ kurz vor seinem Ausscheiden steht, dann wird nicht mehr in Weiterbildung investiert."

In den Unternehmen mit einer jüngeren Belegschaft stellt die Weiterbildung der älteren Beschäftigten ein Randthema dar – im Fokus des Personalmanagements ist die Förderung der jüngeren Mitarbeiter. Teilweise korrespondiert diese Haltung mit einer negativen Haltung gegenüber dem Alter. Ältere Mitarbeiter, teilweise als *„Oldies"* oder *„die Alten"* bezeichnet, bilden in diesen Unternehmen eine Gruppe, die kaum registriert wird. In drei der befragten Unternehmen wird versucht, auf ein verändertes Lernverhalten bzw. die spezifischen Bedürfnisse der älteren Arbeitnehmer Rücksicht zu nehmen. So werden z.B. Weiterbildungskonzepte der Bremer Initiative „50 plus" von zwei Unternehmen genutzt. EDV-Schulungen des Programms „50 plus" würden älteren Mitarbeitern helfen, den Anschluss an die technologischen Entwicklungen nicht zu verlieren:

> „Also es ist mehr eine Art Coaching, jemand, der sich hinsetzt mit einem Mitarbeiter über 50 und dann halt ein bisschen schaut: „Was braucht er?" Um halt den älteren Mitarbeitern, die vielleicht das eine oder andere Problem mit dem EDV-Medium haben bzw. vielleicht die eine oder andere Neuerung nicht mitgekriegt haben, denen die Möglichkeit zu geben, Anschluss zu halten, als joberhaltende Maßnahme."

Das Programm „50 plus" wird begrüßt, weil es das Unternehmen nichts koste, und weil die Notwendigkeit spezieller Weiterbildungsmaßnahmen für ältere Mitarbeiter durchaus gesehen werde. Der Umfang dieses Angebots sei allerdings sehr gering. Die Teilnehmerorientierung sei allerdings insgesamt von hoher Bedeutung. Sie sei das entscheidende Kriterium bei der Trainerauswahl:

> „Gerade im gewerblichen Bereich ist es wichtig, dass da nicht so'n Akademiker im schwarzen Anzug steht. Funktioniert nicht. Da muss man schon ganz genau hinsehen, dass alle angesprochen werden. Jung und alt, und egal von welchem Bildungsstandard die kommen. Also da legen wir sehr viel Wert drauf."

Inwiefern ein Training altersorientiert und altersgerecht ist, scheint allein vom jeweiligen Trainer abzuhängen. Die Unternehmen formulieren keine entsprechenden Anforderungen, weshalb in der Evaluation dieser Gesichtspunkt auch nicht erfragt wird. Es scheinen keine altersbezogenen Statistiken geführt zu werden. Insgesamt entstand der Eindruck, dass einerseits die Gleichbehandlung der älteren Mitarbeiter, also deren Teilnahme an Weiterbildung, eher Wunschdenken als Realität ist und dass andererseits die Altersorientierung der Angebote nicht geplant bzw. gesteuert wird.

4.3 Untersuchungskategorie Wahrnehmung

In dieser Kategorie wurden die Wahrnehmungen und subjektiven Einschätzungen der Interviewpartner zusammen gefasst. Ein besonderes Interesse galt dabei der Frage, welche Chancen und Risiken mit dem demografischen Wandel verbunden werden.

Marktorientierte Sichtweise

Bei einem Unternehmen herrscht eine hohe kulturelle Vielfalt. In der Belegschaft sind viele unterschiedliche Nationalitäten vertreten. Ein weiterer Aspekt ist die grenzüberschreitende Zusammenarbeit mit anderen Unternehmen. Zwar sei bisher noch kein Diversity Management als Funktion institutionalisiert und implementiert, dennoch würde im Arbeitsalltag versucht, möglichst sensibel mit den kulturellen Unterschieden umzugehen. In Krisenzeiten wird der Cultural Mix allerdings als Problem erlebt. So entstünden bei Störungen im Arbeitsprozess schnell Schuldzuweisungen und Spannungen unter den verschiedenen Nationalitäten. Mit diesen Spannungen wird bewusst umgegangen, indem das Verständnis für kulturelle Besonderheiten und den Wert unterschiedlicher Kulturen im Unternehmen betont wird.

> „Am Ende dieses Prozesses soll ein gelebtes Verständnis stehen, wo es wirklich keinen Unterschied mehr macht, wo jemand her kommt. Alle arbeiten auf dem gleichen Level zusammen und trotzdem werden die kulturellen Unterschiede nicht wegdiskutiert, sondern die bleiben erhalten. Das ist unser Ziel."

Deutlich ist an diesem Beispiel, dass das Unternehmen, aufgrund seiner produktorientierten Internationalisierungsstrategie auch personell bewusst auf Internationalisierung setzt und damit einen marktorientierten Diversity Ansatz verfolgt. Bei einem anderen Unternehmen wurde vor ca. 10 Jahren erkannt, dass Diversity wesentlich zum Unternehmenserfolg beitragen kann. Es entstand das Ziel, den Diversity-Gedanken auf allen Ebenen des Unternehmens zu verankern und die Akzeptanz für Vielfalt zu steigern. Von diesem Unternehmen wurden nur Vorteile benannt, was als Beleg einer gelungenen Implementierung zu werten ist. Die Mitarbeiter würden mit all ihren Stärken und Schwächen anerkannt, wobei stets auf die Weiterentwicklung der jeweiligen Stärken gesetzt wird. Der große Vorteil von Diversity sei die Marktnähe, die durch das Abbild der gesellschaftlichen Vielfalt im eigenen Unternehmen ermöglicht wird:

„Ich glaube, dass es gerade für ein Unternehmen, das in der Nahrungs- und Genussmittelbranche tätig ist, wichtig ist, selbst vielfältig zu sein, weil unsere Kunden das auch sind. Und das ist interessant, gerade wenn es darum geht, sich in den Konsumenten hineinzudenken."

Bislang wurde eine marktorientierte Sichtweise des Umgangs mit Vielfalt betont. Dieser Gesichtspunkt wurde nicht im Zusammenhang mit Altersaspekten genannt. Hinsichtlich des Alters scheint der lernorientierte Ansatz von Diversity Management entscheidender. Diese Aspekte sind nachfolgend in der Rubrik „Demografischer Wandel" zusammengefasst.

Demografischer Wandel

Diese Rubrik wurde in vier Kategorien unterteilt: (1) Chancen, (2) Risiken, (3) Image älterer Mitarbeiter sowie die sich daraus ergebenden (4) Handlungsfeldern.

Risiken

Zunächst einmal zeigen die Ergebnisse, dass der demografische Wandel mit seinen Konsequenzen bei allen befragten Unternehmen, mit Ausnahme von einem Unternehmen, wahrgenommen wird. Sieben Unternehmen nehmen diverse Probleme und Risiken wahr, die mit der demografischen Entwicklung einhergehen. Ein grundlegendes Problem sind der Fachkräftemangel bzw. der Mangel an „jungen Talenten", der sich in den nächsten Jahrzehnten noch verstärken wird. Die Unternehmen befürchten, dass sie zukünftig nicht mehr wie bisher die neuesten Trends in ihrer Branche vorgeben können. Es wird erwartet, dass die großen Firmen in eine Konkurrenzsituation treten und versuchen werden, die besten Fachkräfte auf dem Markt für sich zu gewinnen. Zudem seien die Mitarbeiter langfristiger an das Unternehmen zu binden, was wiederum ein Risiko darstellen könne. Der sich insgesamt verschlechternde Gesundheitszustand könnte zu einem Produktivitätsverlust führen. Es wird zudem befürchtet, dass durch den sich verstärkenden Innovationsdruck die älteren Beschäftigten irgendwann nicht mehr Schritt halten können:

„Das steigende Alter und entsprechend häufig auch damit verbundene Einschränkungen - die können wir heute schon bemerken und die werden wir in den nächsten Jahren verstärkt zu spüren bekommen."

„Also viel mehr mit viel weniger Leuten zu produzieren. Das wird natürlich den Anspannungsgrad in den Belegschaften erhöhen. Und ob dann noch jemand in der Lage ist, der vielleicht 58 ist oder so, da noch mitzuhalten, das wage ich dann aber auch zu bezweifeln, ob das dann noch funktioniert. Im Moment ist das so, dass wir da in so'ner ausgewogenen Situation sind. Aber wenn sich das verschiebt, wenn wir also mehr [...] bauen mit weniger Leuten, dann wird der Anspannungsgrad der Einzelnen ja auch viel größer."

Für zwei Personalexperten sind nicht nur die Älteren, sondern auch die Jüngeren eine wachsende Problemgruppe:

„Die haben extreme Einschränkungen in der Rumpfflexibilität, weil sie wenig draußen sind, sondern viel zu oft am PC sitzen, am Computer, häuslich sind und sich insgesamt viel zu wenig bewegen. Die haben extreme Probleme mit ihrem Gewicht, die haben Probleme mit dem Rücken. Das Freizeitverhalten hat sich deutlich gewandelt, und wir bekommen Nachwuchskräfte, die schon Einschränkungen mit sich bringen. Die müssen wir hier erst einmal aufklären über eine gesunde Lebensweise!"

„Es ist ja so, dass unsere gesamte Gesellschaft nicht mehr so körperlich fit ist wie früher. Körperliche Arbeit und Anforderungen, die wir hier durchaus noch haben. Das können die Leute gar nicht mehr, teilweise. Die kommen ja schon krank hier an. Die bewerben sich bei uns mit mehr oder weniger bestehenden Einschränkungen."

Gesundheit, Ernährung und Fitness stellen insgesamt ein Problem dar, das es zu lösen gilt. Sonst würde es zukünftig nicht nur schwierig, geeignete Fachkräfte zu finden, sondern fast unmöglich, gesunde Fachkräfte zu rekrutieren.

Chancen

Vier der befragten Unternehmen verbinden mit dem demografischen Wandel auch Chancen. So schätzen zwei Unternehmensvertreter, dass ältere Mitarbeiter wieder eher von den Unternehmen eingestellt und mehr wertgeschätzt werden als bisher.

Für die Firmen wiederum sei es ein Vorteil, ältere Beschäftigte zukünftig länger an sich zu binden, weil dadurch das Erfahrungswissen im Unternehmen bleibt. Zwei Personalexperten betrachten die Motivation der Mitarbeiter als entscheidenden Wettbewerbsvorteil. Nach deren Einschätzung lassen sich auch altersbedingten Einschränkungen durch eine gute Unternehmenskultur kompensieren:

„Man kann mit einer entsprechend guten Firmenkultur und einem Betriebsklima das Thema Einschränkung, sei es welcher Art, auch altersbedingte, kann man egalisieren. Das ist nie, überhaupt nicht das Thema. Sobald die Mitarbeiter motiviert sind und hinter dem Unternehmen stehen, dann machen die alles, dann reißen die sich ein Bein aus. Und dann kann der, jetzt in diesem Bild gesprochen, der Einbeinige auch noch 100 % Leistung bringen."

Image älterer Mitarbeiter

Die Interviews ergaben, dass bezüglich der Einschätzung der Qualitäten der älteren Arbeitnehmer etwas mehr positive als negative Urteile bestehen. Sechs Experten heben als positiven Faktor das fundierte Erfahrungswissen der älteren Mitarbeiter hervor. Vereinzelt wird auch auf die größere Gelassenheit, Souveränität und Teamorientierung von Älteren hingewiesen. Negative Eigenschaften werden von vier Firmen benannt. Diese kritisieren vor allem das mangelnde Verständnis für Veränderungen auf Seiten der Älteren. Sie seien nur schwer für etwas Neues zu begeistern.

> „Die müssen sich sowieso dramatisch umstellen, auch gerade die Älteren. „Das war doch schon immer so" ((klopft laut auf Tisch)) und plötzlich ändert sich unwahrscheinlich viel. Und dann sagen die: „Früher war das ja alles gut." Da brauchen wir nur nach draußen zu sehen, das ist ja turbulent ohne Ende und da können wir auch nicht vor Halt machen."

Als problematisch wird in einem Unternehmen der Wissenstransfer von den älteren zu den jüngeren Mitarbeitern wahrgenommen.

> „Die Älteren haben Angst, einfach etwas von ihrer Kompetenz abgeben zu müssen an die Jüngeren. Selbst wenn sie wissen, dass sie nächstes oder übernächstes Jahr nach Hause gehen, ja. Aber sie können sich dann vielleicht auch nicht mehr so profilieren, oder was auch immer, was da im Hintergrund steht. Oder „Der hat ja nicht gefragt!", der Jüngere sagt: „Soll ich da dauernd hinterher rennen?" Das sind so die Alltäglichkeiten."

Von vier Unternehmen wird dieser lernorientierte Aspekt hingegen explizit als positiver Faktor benannt. Eine ausgewogene Mischung von älteren und jüngeren Mitarbeitern in einem Team wird als wertvoll und bereichernd wahrgenommen. Zwei Unternehmen betonen in diesem Kontext die Erfahrung und Souveränität der älteren Mitarbeiter. Gleichzeitig wird es als unumgänglich erachtet, gerade in Unternehmen mit schnelllebigen Produkten (Fast Moving Consumer Goods) stets neue Trends und neue Technologien zu kennen – und dieses Wissen würden oftmals die jungen Mitarbeiter einbringen. Somit würden sich ältere und jüngere Mitarbeiter nicht nur hervorragend ergänzen, sondern sie würden auch gemeinsam einen bedeutenden Beitrag zum Unternehmenserfolg leisten. Diese Sichtweise wird in folgender Interviewpassage deutlich:

> „Also sowohl Leistungsstarke als auch Leistungsschwächere, Ältere als auch Jüngere, Gesunde als auch Kollegen mit Einschränkungen (kleine Pause), dass wir das im Mix fahren. Wir wollen nicht Sondereinsatzbereiche haben für Leistungsschwächere oder Eingeschränkte. Wir wollen nicht Bereiche haben mit einer Olympiamannschaft, sondern wir streben den Mix an. Das ist unser Credo – wir glauben, damit fahren wir am besten."

Zudem würde in altersgemischten Teams ein Wissenstransfer stattfinden, der notwendig sei, um Know-how-Verlust durch den Ausstieg von älteren Mitarbeitern zu verhindern:

> „Also man muss irgendwie versuchen, das so hinzukriegen, dass genügend ältere Kollegen da sind, die Erfahrung haben, und die diese Erfahrung auch weitergeben können an die Jüngeren, damit es dann auch irgendwie weitergehen kann. Weil, wenn die dann wirklich alle mal ausscheiden, ja, dann ist das ganze Know-how weg, bricht alles weg, und keiner weiß mehr, wie's geht."

Drei Experten widerlegen das Stereotyp, dass mit zunehmendem Alter die Leistungsfähigkeit sinke. Sie weisen darauf hin, dass Leistung nicht ausschließlich altersabhängig ist, sondern vielmehr von der Person und ihrer Arbeitseinstellung abhängt:

> „Sicherlich ist es so, dass Ältere – das weiß ich ja von mir selber auch – dass man mit zunehmendem Alter also auch mal souveräner an die Dinge rangeht. Das ist einfach so. Das gilt aber auch für Jüngere. Ich habe Hochschulabsolventen kennen gelernt, die souverän an Themen rangehen. Es liegt an der Person. Wir haben durchaus aber auch Kollegen, die Ende 30 sind und die eine oder andere Schwäche aufweisen. ((lacht laut))"

Ein Personalexperte meint, dass ältere Mitarbeiter selbst in der Produktion noch „gut mithalten" und mit ihrer Erfahrung viel „wettmachen" können:

> „Ich sag mal, es stimmt ja nicht, dass jemand, der 55 Jahre alt ist oder so, weniger leistungsfähig ist. Wenn der 20 Jahre gearbeitet hat, dann hat der soviel Erfahrung, dass er das locker ausgleichen kann zu jemandem, der vielleicht 25 ist und fünf Jahre da ist. Es ist schon so, dass man eben auch viel mit Erfahrung wettmachen kann. Das ist so. Und körperlich ansprechende oder körperlich schwere Arbeit in dem Sinne haben wir hier eigentlich auch nicht."

Ein anderer Experte weist darauf hin, dass die Leistungsfähigkeit jüngerer Mitarbeiter teilweise bereits massiv eingeschränkt ist, z.B. aufgrund eines

Bandscheibenvorfalls. Hierauf wird ebenfalls reagiert, indem die Arbeitsabläufe und Bewegungen an das veränderte Leistungsprofil angepasst werden. Das Leistungspotenzial der Mitarbeiter sei keineswegs altersabhängig,
sondern vielmehr individuell unterschiedlich. Zudem seien die Arbeitsbedingungen im Unternehmen entscheidend für die Frage, ob die Mitarbeiter
leistungsfähig und leistungsbereit seien. Zwei Personalexperten weisen
darauf hin, dass es insbesondere darauf ankomme, wie lange jemand ein
und dieselbe Tätigkeit im Unternehmen innehabe. So sei es schwierig, Mitarbeiter für mögliche Veränderungen zu gewinnen, wenn sie seit 20 Jahren
nur Routine erleben.

> „Wie lange macht der ein und dieselbe Tätigkeit, wie lange ist der im Unter-
> nehmen, das Alter, und dann kommt es auf die persönliche Struktur an."

> „Wir haben letztens z.B. einen Kollegen eingestellt, der auch schon über 50
> war, als wir ihn hier eingestellt haben. Der ist ganz anders unterwegs. Einfach
> viel offener für Dinge, weil er natürlich auch neu irgendwo reinkommt und
> noch nicht so eingefahren ist in den Prozessen. Und bringt neue Ideen rein."

Handlungsfelder

Welche Herausforderungen stellen sich angesichts des demografischen
Wandels für die Arbeit der Personalentwicklung? Aus den Interviews lassen
sich verschiedene Handlungsfelder herauskristallisieren, die als bedeutsam
für die zukünftige Personalarbeit wahrgenommen werden.

Lebenslanges Lernen forcieren: Die Einschränkungen, die mit dem zunehmendem Alter einhergehen, könnten durch lebenslanges Lernen kompen-
siert werden. Als Arbeitnehmer müsse man sich flexibel zeigen, Neues zu
lernen, und es wäre notwendig, regelmäßig mit seinem Vorgesetzten über
Bildungsbedarf und Weiterbildungsmaßnahmen zu sprechen.

Alle Mitarbeiter an Weiterbildung beteiligen: Eine große Herausforderung
wird darin gesehen, zukünftig jüngere und ältere Mitarbeiter gleichermaßen in die Weiterbildung einzubeziehen.

> „Wenn ich jemanden heute einstelle und ich kümmere mich nicht um seine
> Qualifikation, dann ist der in zehn Jahren völlig abgehängt von der technologi-
> schen Entwicklung. Das Delta kann nicht mehr aufgeholt werden. Die Mitar-
> beiter müssen kontinuierlich mitgenommen werden. Das wird, glaube ich, ei-
> ne große Aufgabe. Die Leute auf dem Weg in eine industrielle und auch ma-
> schinelle Fertigung mit Weiterbildung mitzunehmen und nicht zu vergessen."

> „Ich glaube, da wird auch kein Unterschied mehr gemacht werden, ob jemand
> 20 ist oder ob jemand 50 ist, sondern man ist einfach in der Pflicht und man
> ist gezwungen, die Leute zu qualifizieren, sonst wird es nicht funktionieren."

Veränderungsbereitschaft stärken: Eine weitere Herausforderung wird darin gesehen, dass sich die Mitarbeiter permanent auf Veränderungen einstellen müssen. Die Aufgabe der Personalentwicklung liege darin, diese
Veränderungsbereitschaft bei den Beschäftigten zu stärken, wobei jeder
Einzelne auch selbst gefordert ist, seine Haltung zu reflektieren:

> „Umbruch heißt Veränderung und da darf man keine Ängste verbreiten. Man
> muss den Leuten Ängste nehmen, das gehört auch dazu. Ängste nehmen, Ver-
> änderungsbereitschaft erhöhen. Das ist wieder ein Part der betrieblichen Sei-
> te und auch der Einzelne muss überlegen: „Woran liegt es denn, dass ich so
> eingefahren bin? Hab ich Angst? Warum? Wieso? Was könnte denn jetzt noch
> kommen?" Auch die Mitarbeiter haben eine Aufgabe."

Es wird von allen Mitarbeitern, unabhängig von ihrem Alter, erwartet, sich
auf veränderte Rahmenbedingungen einstellen zu können.

Mitarbeitermotivation erhöhen: In zwei Firmen wird die Motivation der Arbeitskräfte als wichtiges Handlungsfeld wahrgenommen. Ein Unternehmen
könne nur mit motivierten Mitarbeitern wettbewerbsfähig bleiben:

> „Wenn wir einen Wettbewerbsvorteil haben, dann sind das unsere Mitarbei-
> ter, die auch gut funktionieren müssen und besser sein sollten als der Wett-
> bewerb. Die müssen auch mal eine Entwicklung selber erkennen und steuern
> können, bevor der Unternehmer da hinterher kommt."

Angebote zum Thema Gesundheitsförderung machen: Zwei Großunternehmen halten es für unentbehrlich, angesichts einer alternden Belegschaft im
Bereich der Gesundheitsförderung mit entsprechenden Angeboten aktiver
zu werden.

Weiterbildung für Ältere

Wird Weiterbildung für Ältere als sinnvoll, als notwendig oder als überflüssig betrachtet? Die Antworten zwischen den Experten variieren erheblich.
Wie im Untersuchungsfeld „Situation" bereits aufgezeigt, steht bei zwei Unternehmen die Förderung der jüngeren Mitarbeiter im Mittelpunkt. Dass
diese Haltung mit einem Negativbild des Alters korrespondiert, verdeutlicht
folgende Interviewpassage:

„Ja, so ein altes Schlachtross kann man einfach nicht mehr in gewisse Bahnen
lenken. Wir versuchen das vielleicht schon mal, aber bei älteren Arbeitnehmern ist es schon ein bisschen schwieriger. Man muss schon ganz klar sagen,
dass die Jüngeren, nicht weil sie nun unbedingt motiviert sind, aber sie sind
aufnahmebereiter in vielen Bereichen, muss ich immer wieder feststellen.
Kommen häufiger von sich aus und sagen „Ich brauche das und das". Und die
Älteren sagen „Och, das hab ich schon mal vor 10 Jahren gehört, das hab ich
schon mal vor 5 Jahren gehabt". Dass es da vielleicht aber Neuerungen
gibt ..."

Während die jüngeren Mitarbeiter als anpassungsfähig und flexibel erlebt
werden, seien die Älteren weniger offen für Veränderungen und würden
sich oftmals nicht für Weiterbildung interessieren:

„Zeitmanagement beispielsweise, ein Riesenthema. Viele beschweren sich,
dass sie mit ihrer Zeit nicht hinkommen, das schaffen sie nicht. Aber wenn Sie
so einem Älteren mal sagen „Ja, dann mach doch mal so'n Zeitmanagement-
Seminar!" dann fühlt er sich gleich auf den Schlips getreten."

Bei einem Unternehmen sind wiederum so wenig ältere Mitarbeiter beschäftigt, dass sie offensichtlich kaum wahrgenommen werden:

„Wir haben viele junge Leute, die auch, wie gesagt, schon lange dabei sind,
auch wissen, wovon sie sprechen und mit denen würde sich lohnen, über solche Dinge nachzudenken und denen auch was beizupacken, dass das die Qualität macht."

In den drei Großunternehmen kommt der Weiterbildung von Älteren hingegen eine hohe Bedeutung zu. Wenn jemand z.B. 55 Jahre alt ist, müsse er
i.d.R. noch mindestens zehn Jahre arbeiten – zehn Jahre, die genutzt werden
sollten. Sehr anschaulich wird dies im folgenden Zitat:

„Und ich kann, ich als Firma kann also noch 10 Jahre auf das Wissen und auf
die Fertigkeiten dieses Mitarbeiters zurückgreifen. Dann wär ich ja, ich wär ja
wirklich blöd, wenn ich das nicht tun würde! Wenn ich sagen würde „Den lass
ich nicht mehr in den Genuss kommen von irgendwelchen Weiterbildungsmaßnahmen, weil der das eigentlich gar nicht mehr braucht." Klar, aber genau
der braucht das genauso wie jemand, der noch 25 Jahre hier arbeitet. Das
macht doch keinen Unterschied."

Würde sich Weiterbildung nur auf einzelne Alterssegmente beziehen, bestünde die Gefahr der Spaltung: Auf der einen Seite die qualifizierten Jüngeren und auf der anderen Seite die Älteren, die „so langsam auf's Abstellgleis
geschoben werden." In dieser Hinsicht sieht ein Personalexperte Hand-

lungsbedarf, um eine solche von Stereotypen geleitete Praxis zukünftig noch mehr zu vermeiden. Dass Trainer von Qualifizierungsmaßnahmen (z.B. im Bereich EDV) auf die Bedürfnisse älterer Mitarbeiter Rücksicht nehmen sollten, wird weitgehend von den befragten Experten erkannt. Dabei werden altersgemischte Seminare allerdings bevorzugt, da spezielle Seminare für Ältere das Risiko der Stigmatisierung in sich tragen:

> „Wir glauben auch, dass es einige Kollegen nicht gut haben könnten, wenn man plötzlich so Trainings für Ältere macht. Also die wollen natürlich auch gerade die Mischung haben und auch nicht als die Alten abgestempelt sein."

4.4 Untersuchungskategorie Handlungsplanung

Im dritten Untersuchungsfeld geht es um die Frage, wie die Unternehmen auf aktuelle Probleme reagieren. Wurden bereits Konzepte entwickelt, um mit einer alternden Belegschaft und einer größeren Vielfalt zukünftig umgehen zu können?

Diversity Management

Diese Rubrik wurde in zwei Kategorien unterteilt: (1) Gleichbehandlungsgesetz sowie (2) verschiedene betriebliche Beispiele.

Gleichbehandlungsgesetz

Inwieweit hat das Allgemeine Gleichbehandlungsgesetz (vom 14. August 2006) die Praxis in den Firmen verändert? Diese Frage wurde insbesondere in den Interviews mit den Großunternehmen thematisiert, wobei die Antworten recht unterschiedlich ausfielen. So hat sich das AGG teilweise bisher kaum bemerkbar gemacht. Die Personalexperten betonen, dass man im Sinne von Diversity eine Gleichbehandlung der Mitarbeiter auch schon vor dem Erlass des AGG bedacht hat (siehe Handlungsplanung „Managing Diversity"). Bei einem Unternehmen beschäftigt sich der Betriebsrat hingegen intensiver mit dem AGG. Die Konsequenzen, die aus diesem Gesetz gezogen werden, beziehen sich vor allem auf die Gestaltung der Stellenanzeigen sowie die Absagen an Bewerber. Gerade dort müsse darauf geachtet werden, dass man mit den Grundsätzen des AGG nicht in Konflikt gerate. Aber auch für die Weiterbildungspraxis stelle das AGG eine sinnvolle Rahmenbedingung dar – schließlich müsse hier ebenfalls eine Gleichbehandlung der Mitarbeiter, egal ob jung oder alt, sichergestellt werden:

„Und da spielt natürlich auch das Alter eine Rolle, dass man eben gerade die
älteren Mitarbeiter wirklich berücksichtigt, dass man wirklich noch mal gezielt hinsieht und fragt: „Wenn ihr eine Weiterbildungsmaßnahme plant, dann
zeigt doch mal die Altersstruktur. Wie sieht die denn aus?" Bekommen Weiterbildung nur die Jüngeren oder ist es wirklich ausgeglichen?""

Bei einem anderen Unternehmen beschäftigt man sich ebenfalls mit dem
AGG. So wurde z.B. die Personalabteilung geschult. Allerdings wird das Gesetz nicht als etwas grundlegend Neues angesehen und bringt für die Mitarbeiter im Personalmanagement keine besonderen Veränderungen mit sich,
worauf explizit hingewiesen wird:

„Wir haben im Prinzip das, was jetzt im AGG steht, auch vorher schon beher-
zigt. Insofern hatten wir da jetzt nicht so große To Do's oder so."

Betriebliche Beispiele

Insgesamt sind bei sechs der zehn untersuchten Unternehmen Handlungs-
planungen unter Diversity-Gesichtspunkten erkennbar. Bei einem Unternehmen ist vor zwei Jahren eine familienfreundliche Personalpolitik eingeführt worden. Jüngeren Frauen soll ermöglicht werden, durch Teilzeitver-
träge Familie und Beruf miteinander in Einklang zu bringen. Bei einer anderen KMU wird derzeit ein Konzept in Bezug auf altersgemischte Teams
erarbeitet. Dabei spielen folgende Überlegungen eine Rolle:

„Wir haben eine Ausarbeitung gemacht, ob es sinnvoll ist, in der Gruppenar-
beit eher zu mischen, Jüngere und Ältere, so nach dem Motto, die ergänzen
sich, die Jüngeren helfen den Älteren und die Älteren geben eben ihr Wissen
weiter. Oder ob es sinnvoller ist, die Älteren eher in einer Art Veteranenhalle
zu bündeln. Das ist ja bei Ford z.B. so eine Geschichte. Die haben eine Veteranenhalle, wo sie Ersatzteilfertigungen oder Prototypenbau von den älteren
verdienten Mitarbeitern erledigen lassen. Aufgaben, wo viel Erfahrung gefragt
ist. Da sind wir uns noch nicht sicher."

Bisher kommen in diesem Unternehmen die gemischten Gruppen lediglich
bei allgemeiner Meinungsbildung zum Einsatz. Bei einem Unternehmen ist
die Förderung und Weiterbildung der Beschäftigten größtenteils von der
Einstellung des jeweiligen Vorgesetzten abhängig. Dies soll verändert werden:

„Unser Ziel ist, das ein bisschen zu formalisieren, damit das in gleiche Bahnen
kommt. Unser Betriebsrat ist auch zunehmend da hinterher, dass eine Gleichbehandlung der Mitarbeiter erfolgt."

Ein anderes Unternehmen beschäftigt sich sehr intensiv mit den Konsequenzen einer alternden Belegschaft. Durch die Verankerung des Themas Aging Workforce in der Unternehmenspersonalstrategie und die Entwicklung von Maßnahmen wird hier schon seit vier Jahren gezielt auf den demografischen Wandel reagiert. Ein relevanter Aspekt von Aging Workforce ist der demografieorientierte Personaleinsatz: Das Thema Alter spielt vor allem bei Versetzungsverfahren eine große Rolle. So wird für die Produktentwicklung vermehrt Personal aus anderen Bereichen nachgefragt. Früher wurde hier nach dem Last-In-First-Out-Verfahren vorgegangen: Diejenigen Mitarbeiter, die als letzte in eine Arbeitsgruppe kamen, waren die ersten, die ausgewählt wurden, die Arbeitsgruppe wieder zu verlassen. Die Folge: Das Versetzungskontingent bestand überwiegend aus jüngeren Beschäftigten, während die bestehenden Teams, die die Mitarbeiter abgaben, immer älter wurden. Nunmehr wird darauf geachtet, dass die Altersstruktur der versetzten Beschäftigten exakt der Altersstruktur der abgebenden Abteilung entspricht. Dieses Vorgehen hatte eine ausgewogene Altersmischung innerhalb der jeweiligen Arbeitsgruppe zur Folge. Dieses Konzept wird nun auch auf andere Bereiche übertragen.

> „Wir führen gerade eine neue Schicht ein und da entsteht die gleiche Frage „Wie machen wir das denn?" Deshalb kenne ich die Aussagen der betroffenen Bereiche. Die sagen: „Wir wollen auch diesen Mix haben." Wir bauen jetzt eine neue, eine völlig neue und altersausgewogene Schicht auf."

Bei einem Unternehmen werden zwei unterschiedliche Maßnahmen ergriffen, um die personelle Vielfalt vor Ort besser managen zu können. Zum einen wird Job Rotation als Instrument gesehen, um die Mitarbeiter auch einmal „über den Tellerrand gucken" zu lassen, damit ein besseres Verständnis für die Arbeit in den anderen Abteilungen entwickelt wird.

> „Damit sie nicht immer nur in ihrem eigenen Saft brodeln, sondern auch mal was anderes kennen lernen. Dass auch mal so'n Produktionsmensch meinetwegen im Engineering arbeitet. Oder dass jemand aus dem Engineering in den Finance-Bereich geht. Also was völlig anderes – auch einfach mal sieht, wie ticken die Leute da eigentlich und was machen die da eigentlich? Weil das hängt ja doch irgendwie alles zusammen."

Zum anderen wird versucht, einen effektiven Umgang mit der kulturellen Vielfalt im Unternehmen zu fördern. So findet z.B. einmal im Jahr ein interkulturelles Training statt, an dem bereits die Auszubildenden teilnehmen. Da es sich um ein international operierendes Unternehmen handelt, sind die Mitarbeiter beruflich häufig auf Reisen oder arbeiten in internationalen Teams. Vor diesem Hintergrund sei eine frühzeitige Sensibilisierung für die kulturellen Unterschiede wichtig, um gemeinsam eine erfolgreiche Arbeit leisten zu können:

> „Und da fängt man eben wirklich bei den Auszubildenden an, bei den jungen Leuten: „Mensch, wir müssen sehen, dass wir die zusammen kriegen." Dann wird's wahrscheinlich auch einfacher in zehn Jahren oder so, wenn sie miteinander sprechen, um eine vernünftige Arbeit abzuliefern."

Bei einem Unternehmen arbeiten Mitarbeiter aus verschiedenen Unternehmensbereichen seit ca. 10 Jahren in einem Diversity Council. Dieser Council hat es sich zur Aufgabe gemacht, Impulse für eine Kultur der Vielfalt im Unternehmen zu geben sowie die Beschäftigten bei der Verwirklichung individueller Lebensformen zu unterstützen.

So fördert der Diversity Council z.B. Initiativen in den Bereichen (1) Vereinbarkeit von Beruf und Privatleben, (2) Frauen im Management, (3) interkulturelles Bewusstsein und (4) Integration von Menschen mit Behinderung. Auch auf dem Gebiet der Arbeitsorganisation werden Personalentwicklungsmaßnahmen getroffen. Hier wird ebenso wie im o.g. Unternehmen mit Job Rotation einem Bereichsdenken entgegengewirkt, die Kommunikation zwischen den Abteilungen verbessert und gleichzeitig eine Flexibilisierung und Vielfalt der Fähigkeiten erreicht.

Demografischer Wandel

Diese Rubrik wurde in drei Kategorien unterteilt: (1) Gesundheitsmanagement, (2) Rekrutierung von Fachkräften sowie (3) Aus- und Weiterbildung.

Gesundheitsmanagement

Den Interviews zufolge sind im Bereich Gesundheit (Förderung und Prävention) von den untersuchten Betrieben bisher nur die Großunternehmen aktiv. Bei einem Unternehmen kann das Gesundheitsmanagement bereits auf ein langjähriges Erfahrungswissen zurückgreifen. Dies betrifft insbesondere den Einsatz von Mitarbeitern mit körperlichen Einschränkungen in den Montagehallen. So erfassen Werksärzte direkt vor Ort die jeweiligen Arbeitsplatzanforderungen. Gleichzeitig ist es das Ziel, gemeinsam mit den Betroffenen Lösungen zu finden, um auf bestehende Defizite reagieren bzw. Maßnahmen zur Kompensation entwickeln zu können. In der Verwaltung

spielt wiederum das Thema ergonomische Arbeitsplatzgestaltung eine große Rolle, vor allem zur Prävention von Rückenschmerzen. Darüber hinaus
wird Wert darauf gelegt, die gesundheitliche Eigenverantwortung der Beschäftigten zu stärken. Dafür wird eine transportable Trainingsstation angeboten. Die Beschäftigten haben die Möglichkeit, 10 Minuten pro Tag am
Arbeitsplatz verschiedene Muskelpartien zu trainieren, um Rückenbe-
schwerden abzubauen und evtl. künftigen vorzubeugen. Jede Trainingsein-
heit wird von geschulten Betreuern dokumentiert, um den Fortschritt des
Trainings verfolgen zu können. Zudem wurden spezielle Fitness-Center
eingerichtet:

> „Eine Räumlichkeit mit Fitnessgeräten und Therapeuten, wo es um Präventi-
> on geht, aber auch um das Thema Rehabilitation. Wirbelsäulengymnastik, Os-
> teoporosegymnastik, Nordic Walking, medizinische Gymnastik mit und ohne
> Gerät ... Das alles sind auch Sachen, wo versucht wird, Mitarbeitern, die einen
> Unfall hatten oder aus anderen Gründen erkrankt waren, den Einstieg zu er-
> leichtern."

Dass dem Thema Gesundheitsmanagement eine so hohe Bedeutung beigemessen wird, zeigt sich auch an einer gesonderten Betriebsvereinbarung,
die dazu verabschiedet wurde. Es handelt sich nicht zuletzt um eine Reaktion des Unternehmens auf die hohen Kosten, die durch den jährlichen Krankenstand ausgelöst werden. Da lohne es sich, in die Gesundheit der Mitarbeiter zu investieren:

> „Hinter dem Thema Krankenstand stecken Millionen – Millionen an Kosten,
> die man einsparen kann. Das lohnt sich, und erst recht auch vor dem Hinter-
> grund der älter werdenden Belegschaft. Wie gesagt, wir stellen die Leute ein,
> mit 18, 20 und die sind in der Regel 40 Jahre hier. Wir wollen hoffen, dass es
> weiterhin so gut geht wie in den letzten Jahren. Dann, dann bleibt der 40 Jahre
> hier, der Mitarbeiter. Und der soll nach 40 Jahren noch gesund und munter
> sein."

Bei dem zweiten Unternehmen werden ebenfalls diverse Maßnahmen im
Bereich Gesundheitsförderung angeboten. So haben die Beschäftigten in
einem betriebseigenen Fitnessraum mit Fachpersonal die Möglichkeit, sich
aktiv gesund zu halten. Zudem werden Gymnastik, Rückenschulkurse angeboten und auf gesundheitliche Leiden Rücksicht genommen:

> „Wo wir besonders hin schauen, ist in der Produktion. Wie haben eben be-
> stimmte Arbeitsplätze, die körperlich beanspruchender sind als andere, und
> da schauen wir natürlich genau hin. Und wenn wir z.B. sehen, dass aufgrund

einer Rückenerkrankung eine bestimmte Tätigkeit nicht mehr möglich ist, dann wechseln wir auch die Plätze. Manchmal fordern wir ältere Mitarbeiter auch gezielt auf, es kann aber auch einen jungen Mitarbeiter mit einem Bandscheibenvorfall treffen, dass sie eine bestimmte Zeit stehen, dass sie sich bewegen. Das fordern wir dann ein und nehmen auch Rücksicht, klar."

Rekrutierung von Fachkräften

Die Rekrutierung von Fachkräften ist im Kontext des demografischen Wandels ein wichtiges Handlungsfeld. Ein Unternehmen, bisher stark jugendzentriert ausgerichtet, überlegt beispielsweise, ob nicht angesichts des Fachkräftemangels zukünftig auch ältere Mitarbeiter einzustellen sind:

> „Also das wird immer schwieriger. Und da muss man wirklich mal überlegen, ob man nicht in die Richtung geht, auch wirklich mal einen 50-Jährigen einzustellen. Warum nicht?"

Im Widerspruch hierzu steht jedoch die jugendzentrierte Ausrichtung des Personalmanagements in diesem Unternehmen. Es erscheint als unwahrscheinlich, dass eine solche Überlegung schon bald in die Tat umgesetzt werden könnte. Ein anderes Unternehmen sieht sich mit der Problematik konfrontiert, dass auf dem Markt nur schwer die passenden Mitarbeiter zu finden sind. Daher werden die Nachwuchskräfte stets im eigenen Hause ausgebildet und direkt übernommen. Mittlerweile wird die Bevorzugung des innerbetrieblichen Aufstiegs vor der externen Rekrutierung aber auch kritisch gesehen:

> „Das ist ein bisschen schwierig, ist ein schmaler Grat. Wir laufen immer auch Gefahr, dass wir einer Betriebsblindheit unterliegen. Wenn man nur aus den eigenen Reihen rekrutiert, dann bekommt man, was man denen beigebracht hat und immer schon hatte, wusste und konnte. Das ist auch nicht unbedingt von Vorteil. Man braucht also den goldenen Mittelweg."

Bei einem weiteren Unternehmen wird bei der Rekrutierung weniger auf das Alter als auf die Fach- und Sozialkompetenz geachtet. Ausschlaggebend ist, ob der Bewerber von seinem Profil zum Unternehmen passt. Wiederum ein anderes Unternehmen identifizierte das Thema Personalanpassung als eines der relevanten Handlungsfelder im Kontext des demografischen Wandels. So soll auch weiterhin ein frühzeitiger Ausstieg von Mitarbeitern sichergestellt werden.

> „D.h. wenn es Mitarbeiter gibt, die aus Altersgründen nicht mehr so können oder nicht mehr so wollen, und wir aber auch ein Interesse haben, dann findet

man einen Weg zueinander und schließt eine entsprechende Altersteilzeitvereinbarung oder auch eine Frühpensionierung ab."

Um den Altersdurchschnitt weiter zu senken und um gleichzeitig für die nächsten Jahre personaltechnisch planen zu können, werden bei einem Unternehmen sehr viele junge Leute rekrutiert bzw. aus der Ausbildung übernommen:

> „Und das ist natürlich für die jungen Leute gut, weil die dann eine super Perspektive für die Zukunft haben. Und für uns ist es gut, weil wir planen können mit den Leuten. Das ist eine Win-Win-Situation, sag ich einfach mal."

Was die Rekrutierung älterer Mitarbeiter betrifft, so gab es Fälle, in denen bereits ausgeschiedene Kollegen wieder zurückgeholt wurden – als Reaktion auf den entstandenen Know-how-Verlust:

> „Es gab Situationen, dass Ältere einen Beratervertrag bekommen haben. Sie sind dann zwei, drei Mal die Woche gekommen, haben sich in die Abteilung gesetzt, waren dann sozusagen die Seniorchefs und wurden befragt zu allen möglichen Themen. So wurde versucht, das Know-how wieder zurück zu bekommen."

Aus- und Weiterbildung

Fünf der befragten Unternehmen nutzen die Aus- und Weiterbildung als Handlungsfeld im Kontext des demografischen Wandels. So wird bei einem Unternehmen ein stärkerer Fokus auf Führungsseminare, Coaching und Teamentwicklung gelegt, um die Meister gezielt in ihre Führungsverantwortung zu begleiten.

> „Denn früher ist ein Meister Meister geworden, ich sag mal, das war ein guter Facharbeiter. Und aufgrund seiner langjährigen Betriebszugehörigkeit ist er dann aber Meister geworden. Heute sind die Anforderungen ganz andere. Die sollen wirklich auch führen. Und da unternehmen wir unwahrscheinlich viel in dem Thema, dass die auch ein Gefühl für bekommen. Das ist ein schwieriger Prozess - gerade bei den älteren Meistern."

Bei einem anderen Unternehmen setzt das Personalmanagement gezielt auf die Ausbildung eigener Mitarbeiter. Bereichen mit hohem Fachkräftemangel kommt dabei eine große Bedeutung zu. Deshalb werden jedes Jahr die Nachwuchskräfte aus den eigenen Reihen rekrutiert. Auch die Auszubildenden der anderen Berufszweige werden größtenteils übernommen. Es wird erhofft, den verstärkten Fachkräftemangel als Folge des demografischen Wandels teilweise auffangen zu können. Ein anderes Unternehmen nutzt die Weiterbildung kontinuierlich, um die Beschäftigten wettbewerbsfähig zu machen. Es wird zwar auch das Risiko erkannt, dass die Mitarbeiter evtl. für die Konkurrenz ausgebildet werden und dadurch „fehl investiert" wird, aber zugleich wird sehr viel Wert auf Motivation und Selbstvertrauen gelegt und dafür geht dieses Unternehmen gerne das Risiko ein:

> „Man kann die nicht dadurch halten, dass man denen an Aus- und Weiterbildung nichts angedeihen lässt – im Gegenteil, Motivation ist da ein Faktor. Die müssen wissen, dass sie sich mit Gleichen messen können."

Ein anderes Unternehmen engagiert sich ebenfalls in der Ausbildung der Mitarbeiter, um dem wahrgenommenen Problem des Fachkräftemangels zu begegnen. So werden inzwischen – neben den klassischen Ausbildungsberufen – auch duale Studiengänge angeboten.

> „Gerade in Bereichen wie Maschinenbau oder so ist das ein großes Thema. Oder auch Wirtschaftsingenieurwesen, Informatik, Maschinenbau-Informatik. Hier bieten wir ein duales Studium an, das ist relativ kurz, vier Jahre."

Das duale Studium wurde erstmals in den 1970er Jahren in Baden-Württemberg erprobt und ist dort bereits seit den 1980er Jahren als ein dem FH-Studium gleichwertiges Studium implementiert. Das staatliche Berufsakademie-Modell wurde nach der Wiedervereinigung in Sachsen und Thüringen eingeführt und wird heute als staatlich anerkannte Berufsakademien in privater Trägerschaft auch von Hamburg, Hessen, Niedersachsen, Saarland und Schleswig-Holstein angeboten. Der Vorteil sowohl für die Firma als auch für den Arbeitnehmer liegt auf der Hand:

> „Man hat nach vier Jahren seinen Abschluss, hat aber den Bezug zur Firma schon. Man kennt das ganze System. Die werden natürlich gerne genommen."

Auch im Bereich Führungskräftetrainings bestehen verschiedene Angebote. Die Zielgruppe sind junge Mitarbeiter, so genannte „junge Potenzialträger", welche mittelfristig in eine Führungsposition hineinwachsen sollen. In einem Zeitraum von z.B. fünf Jahren werden sie mit diversen Weiterbildungsmaßnahmen auf ihre Führungsaufgabe vorbereitet. Darüber hinaus setzt sich der Betriebsrat sehr engagiert für die Weiterbildungsrechte der Mitarbeiter ein. Zwar kann er nicht mitbestimmen, ob oder was weitergebildet wird, doch sobald eine Auswahl der Mitarbeiter erfolgt, die an Weiterbildung beteiligt werden sollen, kann er durchaus eingreifen:

„Weil bei der Auswahl sind wir mit im Boot und da können wir drauf achten und sagen „Ja, warum habt ihr jetzt den ausgewählt und nicht den? Erklärt uns das mal, warum das jetzt so ist!" Und da müssen sie schon gute Argumente haben, um nicht sagen zu müssen, „Ja, der ist 55 und den wollen wir nicht mehr weiterbilden" oder so."

Bei einem Unternehmen wurden im Rahmen einer Doktorarbeit zum The-ma „Ältere Mitarbeiter" eine Mitarbeiterbefragungen durchgeführt. Diese habe u.a. ergeben, dass viele ältere Arbeitnehmer meinten:

„Ich bin schon lange im Unternehmen, hab eigentlich schon fast jedes Seminar gemacht, was man so machen kann, und finde eigentlich kein Angebot mehr, was mich nach vorne bringt."

Bisher ist auf diese Kritik und andere Ergebnisse des Dissertationsprojektes noch nicht reagiert worden, da im letzten Jahr andere Themen im Vorder-grund standen. Allerdings will man in diesem Jahr damit anfangen, Projekt-gruppen zu bilden und die gewonnenen Erkenntnisse aus der Untersuchung in die Praxis umzusetzen.

Kennzeichen eines aktiven Umgangs mit dem Thema Alter und Altern sind somit die Förderung von und der Umgang mit Vielfalt zur Verbesserung der Unternehmenskultur, der Ausbau der Ausbildung- und Weiterbildungs-maßnahmen, die Entwicklung eines präventiven und korrektiven Gesund-heitsmanagements, wobei ältere wie jüngere Mitarbeiter gleichermaßen involviert sind sowie Maßnahmen zur Anpassung der Arbeitsorganisation. Die zweite Haltung ist schnell beschrieben: Desintegration der Älteren. Bei-de Praktiken sich in den befragten Unternehmen erkennbar. Diese gegen-sätzlichen Haltungen überlagern sich teilweise, sodass Mischungen entste-hen zwischen integrativen und desintegrierenden Maßnahmen.

Zusammenfassung

5 Zusammenfassung und Schlusswort

Während die untersuchten KMU eine weitgehend junge oder ausgeglichene Altersstruktur aufweisen, ist Alter und Altern in den Großunternehmen ein zentrales Thema. Die Altersstruktur in den KMU lässt sich *zum einen* mit einem verstärkten Abbau von älteren Mitarbeitern mittels Altersteilzeit erklären. Dieses desintegrative Personalmanagement geht oftmals einher mit einer Negativwahrnehmung von Alter. Ältere Mitarbeiter werden im untersuchten Unternehmen als ein auszugrenzender Risikofaktor gesehen.

> „Also wir hatten vor einigen Jahren eine Altersstruktur, gerade im Außendienst, im gewerblichen Bereich, das war erbärmlich ((lacht)), sag ich mal. Da war der Schnitt über 50. Und da haben wir uns schon Gedanken gemacht. Und da haben wir die Altersteilzeit eingeführt, und haben jetzt ziemlich verjüngt die gesamte Mannschaft. Denn wir wollen nicht ein später Folger sein, sondern wir wollen schon relativ schnell dabei sein. Man sieht es ja bei unseren Produkten auch, dass wir bei diesen trendigen Produkten doch mit dabei sind und auch ganz weit vorne stehen."

Zum anderen tragen die gezielte Übernahme von Auszubildenden sowie das langsame Wachstum zu einer ausgeglichenen Altersstruktur in den KMU bei. Frühverrentung und Ausbildung werden in den Großunternehmen ebenfalls sehr stark genutzt. Dennoch ist der Altersdurchschnitt im Vergleich zu den KMU weitaus höher, da das Personal in der Vergangenheit altershomogen in Wellen eingestellt wurde. Der Weggang älterer Mitarbeiter und der damit verbundene Know-how-Verlust wird insbesondere in den Großunternehmen als Problem gesehen, weshalb zwei Unternehmen bereits ausgeschiedene Ältere wieder ins Unternehmen zurückholten.

Hinsichtlich der Wahrnehmung der Chancen und Risiken des demografischen Wandels überwiegt in den Unternehmen die Skepsis. Die befragten Personalexperten vertreten teilweise explizit die Meinung, dass eine alternde Belegschaft einen Innovationsverlust bedeute. In der Hälfte der untersuchten Fälle entsteht in den Firmen allerdings ein Bewusstsein für die Vorteile von altersgemischten Teams. Altersgemischte Teams werden geschätzt, da sich die spezifischen Kompetenzen von Jüngeren und Älteren gut ergänzen würden: Die Älteren bringen Erfahrungswissen und Risikobewusstsein ein, während die Jüngeren sich intensiver mit neuen Technologien beschäftigen und zudem eine hohe Bereitschaft für Experimente und Probehandlungen haben. Dieser ausgewogene Mix wird als wichtiger Wettbewerbsfaktor betrachtet. Die Wahrnehmung Älterer ist insofern durchaus widersprüchlich – selbst bei den eher aufgeschlossenen Personalexperten: Einerseits wird deren Erfahrungswissen und umsichtiges Verhalten gelobt und andererseits wird ein Innovationsverlust befürchtet, wenn zu viele Ältere in einem Unternehmen arbeiten. Während die Unternehmen teilweise bereits erlebt haben und wissen, dass das Ausscheiden der Älteren Probleme bereitet und die Innovationskraft schwächt, gründen die Annahmen über den Zusammenhang von Alter und Innovation auf Mutmaßungen und persönlichen Überzeugungen. Offensichtlich haben selbst die dem Thema Alter und Altern gegenüber aufgeschlossenen Personalexperten Vorbehalte. Entgegen den Annahmen der Personalexperten ergab unsere Alterskompetenzstudie (vgl. Kap. 3.2.7), dass ältere IT-Projektleiter insbesondere anspruchsvolle, komplexe und betriebserhaltende Projekte verantworten. Die Rückspiegelung dieser Daten in das betreffende Unternehmen löste bei den zuständigen Personalverantwortlichen Überraschung aus.

Während ein Diversity Management bislang nur in zwei Großunternehmen fest implementiert ist, wird in insgesamt sechs von zehn Betrieben ein verschärftes Bewusstsein für personelle Vielfalt deutlich. Ein konstruktiver Umgang mit Unterschieden jeglicher Art wird zunehmend als Bedingung für eine gute Zusammenarbeit gesehen, und diese habe wiederum positive Effekte auf die Produktivität der Unternehmen. Die Schwerpunkte liegen insbesondere bei den Themen Vereinbarkeit von Familie und Beruf, Altersmischung, Job Rotation sowie Personaleinsatz. Die Antworten der Personalexperten deuten darauf hin, dass mehr als die Hälfte der Unternehmen versucht, die individuellen Leistungspotenziale der Beschäftigten zu berücksichtigen. Zielsetzung ist, die Arbeitsanforderungen mit den spezifischen Fähigkeiten der Mitarbeiter in Einklang zu bringen. So werden Ältere selten für körperlich belastende und vermehrt für Tätigkeiten eingesetzt, in denen ihr Erfahrungswissen besonders zur Geltung kommen kann (z.B. als Ratgeber / Berater).

In zwei KMU wird Weiterbildung für Mitarbeiter über 50 kaum oder nur selten angeboten. Dies liegt zum einen an einem jugendzentrierten Personalmanagement und zum anderen an einer negativ gefärbten Wahrnehmung der Älteren. Als besonders auffällig erscheint die Aussage von n3: „Ja, so ein altes Schlachtross kann man einfach nicht mehr in gewisse Bahnen lenken." Den älteren Beschäftigten wird in diesem Unternehmen nicht mehr zugetraut, sich entwickeln zu können. Abgesehen vom Programm „50 plus", welches lediglich von zwei der befragten Unternehmen in Anspruch genommen wird, existieren keine speziellen Weiterbildungsangebote für ältere Mitarbeiter. Die Trainings sind in der Regel auf heterogene Zielgruppen ausgerichtet. Es entsteht der Eindruck, dass es allein vom jeweiligen Trainer abhängt, in wie weit auf die spezifischen Bedürfnisse der Teilnehmer eingegangen wird oder nicht. Der Großteil der Firmen scheint keine Wahrnehmung dafür zu haben, dass ältere Erwachsene angepasste Lehr-Lern-Arrangements benötigen. Im Vordergrund stehe vielmehr die zu bewältigende Arbeit, die für alle gleich sei. Es stellt sich einerseits die Frage, ob diese Art von Gleichbehandlung nicht zum Nachteil für ältere Mitarbeiter ist. Andererseits besteht bei gesonderten Seminaren für Mitarbeiter über 50 das Risiko der Stigmatisierung. Es scheint schwierig, hier einen guten Mittelweg zu finden. In den meisten Firmen werden die über 50-Jährigen allerdings genauso wie Jüngere in bestehende Qualifizierungsmaßnahmen mit einbezogen. Ausschlaggebend hierbei ist der Wettbewerbsdruck: Es wird von allen Mitarbeitern Engagement erwartet – unabhängig vom Alter und mit nur einer Ausnahme: Mitarbeiter kurz vor der Rente werden kaum noch in Weiterbildung einbezogen. Im Nachhinein stellt sich allerdings die Frage, was unter „kurz vor dem Ausstieg" zu verstehen ist. Ein Zeitraum von ein paar Monaten oder von einigen Jahren?

In fünf von zehn Unternehmen macht sich ein Mangel an Fachkräften bemerkbar. Von den Befragten wird dies als höchst problematisch wahrgenommen. Überraschend ist allerdings, dass lediglich zwei Unternehmen versuchen, diesem Mangel durch gezielte Weiterbildung entgegenzusteuern. Bei einer Firma besteht zwar kein Fachkräftemangel, dennoch wird hier bewusst auf die Weiterbildung der (allerdings jungen) Mitarbeiter gesetzt. Weiterbildung wird noch vermehrt als punktuelle und kurzfristige Anpassungsqualifizierung verstanden mit einem feststehenden Sortiment an Trainingsmaßnahmen. In mehreren Interviewpassagen wird allerdings auch deutlich, dass sich ältere Mitarbeiter oftmals nach mehreren Jahren der Routine gegen Veränderungen und Weiterlernen sträuben. Das absolute Alter selbst spiele allerdings eine nur geringfügige Rolle, sondern vielmehr die entwickelte Gewohnheit. Auch hänge das Lern- und Leistungspotenzial eher von der Arbeitseinstellung ab als vom Alter.

Ein weiteres Risiko seien die gesundheitlichen Einschränkungen, die sich heute bereits bei vielen Jüngeren zeigten. Die Themen Gesundheit und Prävention werden bisher nur von den Großunternehmen aufgegriffen, denn hier werden im Gegensatz zu den KMU explizit Angebote gemacht. Das Bild ist durchaus stimmig: In den KMU scheinen die Thema Alter und Altern und in dessen Folge auch die Themen Gesundheit und Prävention durch Altersteilzeit, ein verstärktes Ausbildungsengagement und die Einstellung junger Mitarbeiter in den Hintergrund gedrängt. Der massive Anstieg neu abgeschlossener Ausbildungsverträge in 2007 könnte insofern nicht nur Effekt eines allgemeinen Aufschwungs auf dem Arbeitsmarkt oder der Wirksamkeit des nationalen Paktes für Ausbildung und Fachkräftenachwuchs sein, sondern auch das Ergebnis einer jugendzentrierten Personalpolitik im Kontext des demografischen Wandels. Die rechnerische Einmündungsquote in Ausbildung (Zahl der Neuverträge je 100 Schulabgänger aus allgemeinbildenden Schulen) stieg von 58,6 % in 2006 auf erfreuliche 66,2 % in 2007 an (vgl. BMBF 2008: 11), während sich die Arbeitslosenquote von Personen im Alter über 55 Jahren in 2007 kaum reduziert hat und mit ca. 12 % (vgl. Bundesagentur für Arbeit 2007b: 45) im europäischen Vergleich das Schlusslicht bildet (siehe Abbildung 1). Hinzu kommt, dass ein Großteil der arbeitslosen 58-Jährigen statistisch nicht erfasst ist, insofern sie ein Jahr lang kein Stellenangebot erhalten haben.

Schlusswort

In der Untersuchung wurde zunächst der demografische Wandel in Deutschland mit seinen vielfältigen Facetten aufgezeigt und die daraus resultierende Brisanz für die unternehmerische Praxis verdeutlicht. Bereits heute sehen sich viele Unternehmen mit einem Fachkräftemangel konfrontiert und in vielen Großunternehmen ist trotz eines jahrelangen Frühverrentungs-Booms eine Alterung der Belegschaften spürbar. Zweifellos sind diese Entwicklungen nicht mehr aufzuhalten und machen eine integrative Personalarbeit, die sowohl jüngere als auch ältere Mitarbeiter gleichberechtigt mit einbezieht, notwendiger denn je. Es ist abzusehen, dass aufgrund des demografischen Wandels die berufliche Weiterbildung in den nächsten Jahren eine zunehmende Bedeutung erlangen wird. Auffällig hierbei ist, dass Unternehmen, die Aktivitäten im Sinne eines Diversity Managements entwickelt haben, in gleicher Weise die berufliche Weiterbildung ihrer Mitarbeiter fördern.

Das Bewusstsein für die Vorteile von Altersvielfalt (Age Diversity) in der Hälfte der befragten Unternehmen zeigt, dass eine Kulturveränderung in Richtung einer Wertschätzung von Älteren und Diversity stattfindet. Besonders in den Großunternehmen scheint eine gesunde Altersmischung ein wichtiger Wettbewerbsfaktor zu sein. Eine der wichtigsten Herausforde-

rungen für das Personalmanagement besteht darin, die bewährte Erfahrung
der Älteren mit dem Wissen und dem Veränderungsdrang der Jüngeren zu
verbinden. Einen wichtigen Denkanstoß zum Thema Demografie, Gesundheit und Jüngere hat n8 geliefert. Anstatt skeptisch die Leistungsfähigkeit
der Älteren zu diskutieren, sei es erforderlich, die nachlassende Leistungsfähigkeit der Jüngeren in den Blick zu nehmen. Angesichts der körperlichen
Einschränkungen bereits im jugendlichen Alter bestehe das Risiko, dass
demnächst nicht nur nicht genügend junge, sondern zudem nicht genügend
gesunde junge Fachkräfte zur Verfügung stünden.

In den meisten Firmen wird auf die unterschiedlichen Leistungsprofile
der Beschäftigten bereits eingegangen, was sich in einem altersgerechten
Personaleinsatz bemerkbar macht. Insbesondere für Unternehmen, die „en
bloc" altern und mit dem Problem konfrontiert werden, dass zahlreiche ältere Mitarbeiter gleichzeitig ausscheiden, ist dies bedeutsam. Ein rechtzeiti-
ger Wissenstransfer und eine altersbezogene Einstellungspolitik könnten
den schlagartigen Know-how-Verlust zukünftig hingegen verhindern. Um
von vornherein eine ausgewogene Mischung im Unternehmen zu haben,
sollten sich die Personalverantwortlichen bei der Rekrutierung auf alle Altersgruppen und nicht mehr wie bisher nur auf junge Leute konzentrieren.
Die Dominanz einer bestimmten Altersgruppe könnte so vermieden werden. Zudem müssen neben den Älteren zukünftig mehr als bisher Frauen,
Personen mit Migrationshintergrund und Ausländer gezielt rekrutiert werden. In den Interviews mit den Unternehmen lässt sich zwar feststellen,
dass Frauen (insbesondere in den Großunternehmen) bei der Einstellung
und Weiterentwicklung zunehmend berücksichtigt und gefördert werden,
doch es gibt kaum Hinweise darauf, wie es sich mit der kulturellen Vielfalt
verhält. Bisher ist das Thema „Cultural Diversity" offensichtlich nur in den
Großunternehmen eine Aufgabe der Personalpolitik, was sich unmittelbar
auf die Internationalität dieser Firmen zurückführen lässt. In den KMU hingegen deutet nichts darauf hin, dass bei der Rekrutierung auf Vielfalt geachtet wird und gezielt bestimmte Personengruppen angesprochen werden.

Handlungsfelder sind somit: (1) Unternehmenskultur: u.a. Sensibilisierung der Führungskräfte für Fragen des Alters und der Vielfalt, (2) Altersgerechte und entwicklungsorientierte Gestaltung der Arbeitsmittel, -umge-
bung und -organisation, (3) Gesundheitsmanagement: Gestaltung eines un-
terstützenden Umfelds zum Umgang mit Gesundheit und Krankheit sowie
(4) Sicherung der kontinuierlichen beruflichen Weiterbildung.

Die Befragung der Personalexperten hat deutlich gemacht, dass die berufliche Weiterbildung in den Unternehmen in einem größeren sachlichen und zeitlichen Zusammenhang zu sehen ist und dass die berufliche Weiterbildung, insbesondere im Kontext der demografischen Entwicklung, eingebunden sein muss in das System der formalen, non-formalen und informellen betrieblichen Personalentwicklungsmaßnahmen. Der Zusammenhang zwischen dem betrieblichen Gesundheitsmanagement und den Maßnahmen der beruflicher Aus- und Weiterbildung wurde sowohl theoretisch deutlich als auch in den Interviews von den Personalexperten bestätigt. Die altersorientierte Arbeitsplatzgestaltung, der altersorientierte Personaleinsatz sowie die altersorientierte Gestaltung der Arbeitsorganisation (u.a. altersgemischte Teams und Job Rotation) sind weitere notwendige Voraussetzungen, um in der Belegschaft die Fähigkeit zum Weiterlernen und das Interesse an Weiterbildung zu erhalten bzw. zu kultivieren. Anders formuliert: Der Möglichkeitsraum beruflicher Weiterbildung in einer alternden Belegschaft ist maßgeblich bestimmt von der Gestaltung der betrieblichen Arbeitsstrukturen sowie der Werteorientierung in den Unternehmen.

Den Unternehmen wird mit der Erhöhung des Renteneintrittsalters ein deutliches Signal gesetzt: Es wird eine im Durchschnitt längere Lebensarbeitszeit erwartet. Insofern dieses Signal aufgegriffen wird, besteht die Chance, eine Kultur des Alterns zu entwickeln und Abschied zu nehmen von einer teilweise nach wie vor bestehenden jugendzentrierten Personalpolitik. Der befürchtete Innovationsverlust in den Unternehmen könnte vermieden werden, wenn bereits heute Maßnahmen für eine insgesamt älter werdende Belegschaft ergriffen werden und die Innovationskraft Älterer erhalten und gezielt gefördert wird (siehe die Ergebnisse der Alterskompetenzstudie). In den kommenden Jahrzehnten wird es weiterhin junge Mitarbeiter in den Betrieben geben, allerdings weitaus weniger, als dies heute noch der Fall ist. Darauf müssen sich die Firmen einstellen.

„Das Alter ist gleichzeitig ein körperliches, psychisches, soziales und geistiges Phänomen." (Baltes 2007: 15). Es scheint weder sinnvoll noch hilfreich, allein personenbezogene Weiterbildungsmaßnahmen ohne deren betriebliche Einbettung und ohne Berücksichtigung individueller Bedingungen zu entwickeln. Diversity Management bietet hierfür eine mögliche Rahmung für die Gestaltung beruflicher Weiterbildung im demografischen Wandel.

Literaturverzeichnis und Anhang

Literatur

ALBRECHT, J. & GESSLER, M. (2008). Vertrauen. Wissensmanagement. Das Magazin für Führungskräfte, Heft 3, 40-41.

ARBEITNEHMERKAMMER BREMEN (Hrsg.) (2005). Betriebe im demografischen Wandel. Beispiele guter Praxis im Land Bremen. Bremen: Arbeitnehmerkammer.

ARETZ, H. J. & HANSEN, K. (2002). Diversity und Diversity-Management im Unternehmen. Eine Analyse aus systemtheoretischer Sicht. Münster: LIT Verlag.

ARMBRUSTER, H., KINKEL, S. & KIRNER, E. (2007). Innovationskompetenz auf wenigen Schultern: Wie abhängig sind Betriebe vom Wissen und den Fähigkeiten einzelner Mitarbeiter. In Gesellschaft für Arbeitswissenschaft (Hrsg.), Kompetenzentwicklung in realen und virtuellen Arbeitssystemen (S. 81–84). Dortmund: GfA Press.

AXHAUSEN, S., CHRIST, M., RÖHRIG, R. & ZEMLIN, P. (2002). Ältere Arbeitnehmer – eine Herausforderung für die berufliche Weiterbildung. Bielefeld: Bertelsmann.

BALTES, P. B. (2007). Alter(n) als Balanceakt: Im Schnittpunkt von Fortschritt und Würde. In P. Gruss (Hrsg.), Die Zukunft des Alterns. Die Antwort der Wissenschaft. Ein Report der Max-Planck-Gesellschaft (S. 15–34). München: C.H.Beck.

BALTES, P. B. & BALTES M. M. (1994). Problem: Zukunft des Alterns und gesellschaftliche Entwicklung. In P. B. Baltes, J. Mittelstraß & U. M. Staudinger (Hrsg.), Alter und Altern. Ein interdisziplinärer Studientext zur Gerontologie (S. 1–34). Berlin: Walter de Gruyter.

BALTES, P. B., DITTMANN-KOHLI, F. & DIXON, R. A. (1984). New perspectives on the development of intelligence in adulthood: Toward a dual-process conception and a model of selective optimization with compensation. In P. B. Baltes & O. G. Brim, Jr. (Eds.), Life-span development and behavior. Vol. 6 (pp. 33–76). New York: Academic Press.

BALTES, P. B., LINDENBERG, U. & STAUDINGER, U. M. (1995). Die zwei Gesichter der Intelligenz. Spektrum der Wissenschaft, 10, 52–61.

BALTES, P. B. & SCHAIE, K. W. (1976). On the plasticity of intelligence in adulthood and old age: Where Horn and Donaldson fail. American Psychologists, 31, 720–725.

BALTES, P. B., SOWARKA, D. & KLIEGL, R. (1989). Cognitive training research on fluid intelligence in old age. Current Directions in Psychological Science, 6, 163–169.

BECKER, M. & SEIDEL, A. (Hrsg.) (2006). Diversity Management. Unternehmens- und Personalpolitik der Vielfalt. Stuttgart: Schäffer-Poeschel Verlag.

BECKSTEIN, G. (2002). Demografische Herausforderung – Irrwege und Auswege. In Politische Studien, Sonderheft 2/2002, 10–18.

BEHREND, CHR. (Hrsg.) (2002). Chancen für die Erwerbsarbeit im Alter. Betriebliche Personalpolitik und ältere Erwerbstätige. Opladen: Leske + Budrich.

BELLMANN, L. & LEBER, U. (2002). Weiterbildung und Zuwanderung als mögliche Strategien zur Überwindung des Fachkräftebedarfs. In Politische Studien, Sonderheft 2/2002, 87–105.

BIRREN, J. E. & MORRISON, D. F. (1961). Analysis of the WAIS subtests in relation to age and education. Journal of Gerontology, 16, 363-369.

BMBF BUNDESMINISTERIUM FÜR BILDUNG UND FORSCHUNG (Hrsg.) (2000). Berichtssystem Weiterbildung VII. Integrierter Gesamtbericht zur Weiterbildungssituation in Deutschland. Verfasst von H. Kuwan, D. Gnahs, & S. Seidel. Bonn.

BMBF BUNDESMINISTERIUM FÜR BILDUNG UND FORSCHUNG (Hrsg.) (2003). Berichtssystem Weiterbildung VIII. Integrierter Gesamtbericht zur Weiterbildungssituation in Deutschland. Verfasst von H. Kuwan, F. Thebis, D. Gnahs, E. Sandau, S. Seidel. Bonn.

BMBF BUNDESMINISTERIUM FÜR BILDUNG UND FORSCHUNG (Hrsg.) (2006). Berichtssystem Weiterbildung IX. Integrierter Gesamtbericht zur Weiterbildungssituation in Deutschland. Verfasst von H. Kuwan, F. Bilger, D. Gnahs, S. Seidel. Bonn.

BMBF BUNDESMINISTERIUM FÜR BILDUNG UND FORSCHUNG (Hrsg.) (2008). Berufsbildungsbericht. Vorversion. http://www.bmbf.de/pub/bbb_08.pdf.

BÖHNE, A. & WAGNER, D. (2002). Managing Age im Rahmen von Managing Diversity. Alter als betriebliches Erfolgspotenzial. In Chr. Behrend (Hrsg.), Chancen für die Erwerbsarbeit im Alter. Betriebliche Personalpolitik und ältere Erwerbstätige (S. 33–46). Opladen: Leske + Budrich.

BREIT, G. (Hrsg.) (2005). Die alternde Gesellschaft. Schwalbach: Wochenschau Verlag.

BUNDESAGENTUR FÜR ARBEIT (2007a). Situation von Älteren am Arbeitsmarkt. Erwerbstätigkeit, Beschäftigung und Arbeitslosigkeit. Oktober 2007. Nürnberg. http://doku.iab.de/externe/2007/k071009f12.pdf.

BUNDESAGENTUR FÜR ARBEIT (2007b). Der Arbeits- und Ausbildungsmarkt in Deutschland. Dezember und das Jahr 2007. http://www.pub.arbeitsamt.de/hst/services/statistik/000100/html/monat/200712.pdf.

BUNDESMINISTERIUM FÜR FAMILIE, SENIOREN, FRAUEN UND JUGEND (Hrsg.) (2001). Das Altern der Gesellschaft als globale Herausforderung – Deutsche Impulse. Verfasst von S. Pohlmann. Stuttgart: Kohlhammer.

BUSCH, R. (Hrsg.) (2004): Alternsmanagement im Betrieb. Ältere Arbeitnehmer zwischen Frühverrentung und Verlängerung der Lebensarbeitszeit. München und Mering: Rainer Hampp Verlag.

CARLEY, K. (1992). Organizational Learning and Personnel Turnover. Organization Science, 3(1), 20–46.

CATTELL, R. B. (1963). Theory of fluid and crystallized intelligence: a critical experiment. Journal of Educational Psychology, 54, 1–22.

CATTELL, R. B. (1987). Intelligence: Its Structure, Growth and Action. Amsterdam: Elsevier Science Publisher.

CATTELL, R. B. & HORN, J. L. (1978). A check of the theory of fluid and crystallized intelligence with description of new sub-test designs. Journal of Educational Measurement, 15, 139–164.

CHI, M. T. H., GLASER, R. & FARR, M. J. (Eds.) (1988). The nature of expertise. Hillsdale, NJ: Erlbaum.

COX, T. (1993). Cultural Diversity in Organizations. Theory, Research and Practice. San Francisco: Berrett-Koehler.

DE GROOT, A. D. & GOBET, F. (1996). Perception and memory in chess. The Hague: Mouton.

DEUTSCHE GESELLSCHAFT FÜR PERSONALFÜHRUNG (Hrsg.) (2004). Personalentwicklung für ältere Mitarbeiter. Grundlagen, Handlungshilfen, Praxisbeispiele. Bielefeld: Bertelsmann Verlag.

DEUTSCHES INSTITUT FÜR ERWACHSENENBILDUNGSFORSCHUNG (Hrsg.) (2006). Alter und Bildung. Report, Zeitschrift für Weiterbildungsforschung. Heft 3., 29. Jhg. Bielefeld: Bertelsmann.

DÖRING, D. (2002). Die Zukunft der Alterssicherung. Europäische Strategien und der deutsche Weg. Frankfurt: Suhrkamp Verlag.

ENQUETE-KOMMISSION DEMOGRAPHISCHER WANDEL (2002). Herausforderungen unserer älter werdenden Gesellschaft an den Einzelnen und die Politik. In Deutscher Bundestag. Drucksache 14/8800, http://dip.bundestag.de/btd/14/088/1408800.pdf.

ERICSSON K. A. & CRUTCHER, R. J. (1990). The nature of exceptional performance: Evidence of maximal adaption to task constraints. Annual Review of Psychology, 47, 273–305.

ERICSSON, K. A. & SMITH, J. (Eds.) (1991). Toward a general theory of Expertise. Cambridge: Cambridge University Press.

EUROSTAT (2005). Lebenslanges Lernen in Europa. Statistik kurz gefasst, 8. http://www.eds-destatis.de/de/downloads/sif/nk_05_08.pdf.

EUROSTAT (2007). Europa in Zahlen. Eurostat Jahrbuch 2006/07. Luxemburg: Statistisches Amt der Europäischen Gemeinschaften.

FREVEL, B. (Hrsg.) (2004). Herausforderung demografischer Wandel. Wiesbaden: Verlag für Sozialwissenschaften.

FRIEDRICH-EBERT-STIFTUNG (2000). Die Innovationsfähigkeit von Betrieben angesichts alternder Belegschaften. Expertise im Auftrag der Friedrich-Ebert-Stiftung. Electr. Ed., Bonn: FES Library, http://library.fes.de/fulltext/asfo/00853002.htm.

FRIEDERICHS, P. & ALTHAUSER, U. (2001). Personalentwicklung in der Globalisierung. Neuwied: Luchterhand.

FROHNEN, A. (2005). Diversity in Action. Multinationalität in globalen Unternehmen am Beispiel Ford. Bielefeld: transcript Verlag.

FUCHS, J., SÖHNLEIN, D. & WEBER, B. (2004). Konsequenzen des demografischen Wandels für den Arbeitmarkt der Zukunft. In B. Frevel (Hrsg.): Herausforderung demografischer Wandel (S. 122–138). Wiesbaden: Verlag für Sozialwissenschaften.

GIESERT, M. (2006). Man lernt nie aus. Faktor Arbeitsschutz. Informationen zum Arbeits- und Gesundheitsschutz für Fach- und Führungskräfte, Ausgabe 5/2006, 6–8.

GLÄSER, J. & LAUDEL, G. (2006). Experteninterviews und qualitative Inhaltsanalyse. 2., durchgesehene Auflage. Wiesbaden: VS Verlag für Sozialwissenschaften.

GRAUER, F. (1998). Personalmanagement für ältere Mitarbeiter. Wiesbaden: Deutscher Universitäts-Verlag.

GRUBER, H. (1994). Erpertise. Opladen: Westdeutscher Verlag.

HASELIER, J. & THIEL, M. (2005). Diversity Management. Unternehmerische Stärke durch personelle Vielfalt. Frankfurt am Main: Bund-Verlag.

HECHT-EL MINSHAWI, B. & ENGEL, J. (2006). Leben in kultureller Vielfalt. Managing Cultural Diversity, Andere Wege gehen – Neues entdecken. Bremen: SachBuch-Verlag Kellner.

HESS-GRÄFENBERG, R. (2004). Alt, erfahren und gesund. Auf dem Weg zu einem integrierten Konzept. In R. Busch (Hrsg.), Alternsmanagement im Betrieb. Ältere Arbeitnehmer – zwischen Frühverrentung und Verlängerung der Arbeitszeit (S. 155–171). München und Mering: Rainer Hampp Verlag.

HILB, M. (1997). Management by Mentoring. Ein wiederentdecktes Konzept zur Personalentwicklung. Neuwied: Luchterhand.

HILBERT, J. & NAEGELE, G. (2001). Wirtschaftskraft Alter. Ältere Menschen am Arbeitsmarkt. In Bundesministerium für Familie, Senioren, Frauen und Jugend (Hrsg.), Das Altern der Gesellschaft als globale Herausforderung – Deutsche Impulse. Verfasst von S. Pohlmann (S. 122–147). Stuttgart: Kohlhammer.

HOLZ, M. & DA-CRUZ, P. (Hrsg.) (2007). Demografischer Wandel in Unternehmen. Herausforderung für die strategische Personalpolitik. Wiesbaden: Gabler.

HORN, J. L. & CATTELL, R. B. (1966). Refinement and test of the theory of fluid and crystallized intelligence. Journal of Educational Psychology, 57, 253–270.

HRADIL, S. (1995). Die Single-Gesellschaft. München: C.H. Beck Verlag.

HULLEN, G. (2004). Bevölkerungsentwicklung in Deutschland. Die Bevölkerung schrumpft, altert und wird heterogener. In B. Frevel (Hrsg.), Herausforderung demografischer Wandel (S. 15–25). Wiesbaden: Verlag für Sozialwissenschaften.

HURRELMANN, K. (2005). Lebensphase Jugend. 8. Auflage. Weinheim: Juventa Verlag.

ILLER, C. (2008). Berufliche Weiterbildung im Lebenslauf. In A. Kruse (Hrsg.), Weiterbildung in der zweiten Lebenshälfte. Theorie und Praxis der Erwachsenenbildung (S. 67–91). Bielefeld: W. Bertelsmann Verlag.

JACKSON, S. E. & RUDERMANN, M. N. (Hrsg.) (1996). Diversity in work-teams. Research Paradigms for a Changing Workplace. Washington: American Psychological Association.

Jung, R. H., Schäfer, H. M. & Seibel, F. W. (2003). Vielfalt gestalten. Managing Diversity. 3., völlig neu bearbeitete Auflage. Frankfurt/Main: IKO-Verlag für Interkulturelle Kommunikation.

Kay, H. (1959). The effect of position in a display upon problem solving. Quart. J. Exp. Psychol. 6, 155-169.

Kayser, F. & Uepping, H. (Hrsg.) (1997). Kompetenz der Erfahrung. Personalmanagement im Zeichen demographischen Wandels. Neuwied: Luchterhand.

Kettner, A. (2007). Fachkräftemangel? Eine Analyse der Veränderungen von Stellenbesetzungszeiten nach Branchen zwischen 2004 und 2006. Institut für Arbeitsmarkt- und Berufsforschung, http://doku.iab.de/grauepap/2007/Fachkraeftemangel_Besetzungszeiten_Kettner.pdf.

Kistler, E. (2004). Demografischer Wandel und Arbeitsmarkt. Die Debatte muss ehrlicher werden. In WSI-Mitteilungen, 2. 71–77.

Krampe, R. T., Rapp, M. A., Bondar, A. & Baltes, P. A. (2003). Selektion, Optimierung und Kompensation in Doppelaufgaben. Der Nervenarzt 74, 211–218.

Kraus, K. & Iller, C. (Hrsg.) (2007). Ältere Beschäftigte – alternde Belegschaft. Wie reagiert die Berufspädagogik auf die Herausforderung. Bielefeld: W. Bertelsmann Verlag.

Kruse, A. (2000). Psychologische Beiträge zur Leistungsfähigkeit im mittleren und höheren Erwachsenenalter – eine ressourcenorientierte Betrachtung. In Ch. von Rothkirch (Hrsg.), Altern und Arbeit. Herausforderungen für Wirtschaft und Gesellschaft (S. 72–87). Berlin: edition sigma.

Kruse, A. (Hrsg.) (2008). Weiterbildung in der zweiten Lebenshälfte. Multidisziplinäre Antworten auf Herausforderungen des demografischen Wandels. Theorie und Praxis der Erwachsenenbildung, eine Buchreihe des Deutschen Instituts für Erwachsenenbildung (DIE). Bielefeld: Bertelsmann.

Kultusministerkonferenz (2007). Statistische Veröffentlichungen der Kultusministerkonferenz. Nr. 182, Mai 2007. Vorausberechnung der Schüler- und Absolventenzahlen 2005 bis 2020. Sekretariat der Ständigen Konferenz der Kultusminister der Länder. Bonn. http://www.kmk.org/statist/schulprognosetext.pdf.

Küpper, T. (Hrsg.) (2005): Demografischer Wandel als Innovationsquelle für Wirtschaft und Gesellschaft. Köln: Hans Martin Schleyer-Stiftung.

LADWIG, D., BOIE, S. & KUTSCHER, M. (2006). Chancen der Altersdifferenzen in Belegschaften nutzen. Age Diversity Management in der Praxis. Personalführung, Ausgabe 3/2006, 38–44.

LAUCKEN, U. (2001): Zwischenmenschliches Vertrauen. Rahmenentwurf und Ideenskizze. Oldenburg: BIS-Verlag.

LEHR, U. (2007). Psychologie des Alterns. 11. Aufl., Wiebelsheim: Quelle und Meyer.

LENNARTZ, D. (1996). Altern – eine ausgeblendete Dimension beim Gestalten beruflicher Bildung. Anstöße zur Reflexion. In D. Lennartz (Hrsg.), Altern in Beruf und Gesellschaft. Demographischer Wandel und berufliche Bildung. Berichte zur beruflichen Bildung 198 (S. 11–40). Bielefeld: Bertelsmann.

LINDENBERG, U. & BALTES, P. B. (1997). Intellectual functioning in old and very old age. Cross-sectional results from the Berlin Aging Study. Pychology and Aging, 12, 410–432.

LINDENBERG, U. & KRAY, J. (2005). Kognitive Entwicklung. In S.-H. Filipp & U. M. Staudinger (Hrsg.), Entwicklungspsychologie des mittleren und höheren Erwachsenenalters. Enzyklopädie der Psychologie. Band 6 (S. 300–341). Göttingen: Hogrefe.

LODEN, M. & ROSENER, J. B. (1991). Workforce America! Managing America as a Vital Resource. Homewood: Business One Irwin.

LOEBE, H. & SEVERNING, E. (Hrsg.) (2007). Demografischer Wandel und Weiterbildung. Strategien einer alterssensiblen Personalpolitik. Bielefeld: Bertelsmann.

LUHMANN, N. (2000): Vertrauen. Ein Mechanismus der Reduktion sozialer Komplexität. Stuttgart. Lucius & Lucius.

MAINTZ, G. (2003). Leistungsfähigkeit älterer Arbeitnehmer. Abschied vom Defizitmodell. In B. Badura, H. Schellschmidt & Chr. Vetter (Hrsg.), Fehlzeiten-Report 2002. Demografischer Wandel. Herausforderung für die betriebliche Personal- und Gesundheitspolitik (S. 43–55). Berlin: Springer-Verlag.

MARCH, J. G. (1991). Exploration and exploitation in organizational learning. Organization Science, 2(1), 71–87.

MAYRING, P. (2003). Qualitative Inhaltsanalyse. Grundlagen und Techniken. 8. Auflage. Weinheim: Beltz, Deutscher Studien Verlag.

MORSCHHÄUSER, M. (2004). Von der Frühverrentung zu einer alternsgerechte Arbeits- und Personalpolitik? In R. Busch (Hrsg.), Alternsmanagement im Betrieb. Ältere Arbeitnehmer – zwischen Frühverrentung und Verlängerung der Arbeitszeit (S. 73–88). München und Mering: Rainer Hampp Verlag.

NEUMANN, E. M. (1994). Körperliche und geistige Fähigkeiten älterer Arbeitnehmer aus entwicklungspsychologischer Sicht. In Friedrich-Ebert-Stiftung (Hrsg.), Bedeutung des demographischen Wandels. Erwerbsarbeit, berufliche Qualifizierung, Weiterbildung, Gesprächskreis Arbeit und Soziales, Nr. 40 (S. 65–95). Bonn: FES.

NOURNEY, A. (2006). Zu alt? Abgelehnt! Berichte aus Deutschland über das Älterwerden. Bremen: Viola Falkenberg Verlag.

POHLMANN, S. (2004): Das Alter im Spiegel der Gesellschaft. Herausgegeben von Günther Böhme. Idstein: Schulz-Kirchner Verlag GmbH.

RIMSER, M. (2006). Generation Resource Management. Nachhaltige HR-Konzepte im demografischen Wandel. Leonberg: Rosenberger Fachverlag.

ROLOFF, J. (2005). Die alternde Gesellschaft. Ausmaß, Ursachen und Konsequenzen. In G. Breit, G. (Hrsg.), Die alternde Gesellschaft (S. 13–52). Schwalbach: Wochenschau Verlag.

ROSENBROCK, R. (2004). Kriterien und Interventionsfelder für eine gesundheitsförderliche Arbeitssituation. In R. Busch (Hrsg.), Alternsmanagement im Betrieb. Ältere Arbeitnehmer zwischen Frühverrentung und Verlängerung der Lebensarbeitszeit (S. 55–71). München und Mering: Rainer Hampp Verlag.

SCHAIE, K.W. (1995). Intellectual development in adulthood: the Seattle Longitudial Study. New York: Cambridge University Press.

SCHAUER, S. (2006). Die Bedeutung des Work Ability Index für die betriebliche Gesundheitsförderung vor dem Hintergrund des demografischen Wandels. In H. Wächter & D. Sallet (Hrsg.), Personalpolitik bei alternder Belegschaft (S. 62–92). München und Mering: Rainer Hampp Verlag.

SCHELLE, H., OTTMANN, R. & PFEIFFER, A. (2005): ProjektManager. 2. Aufl. Nürnberg: Deutsche Gesellschaft für Projektmanagement.

SCHEMME, D. (Hrsg.) (2001). Qualifizierung, Personal- und Organisationsentwicklung mit älteren Mitarbeiterinnen und Mitarbeitern. Probleme und Lösungsansätze. Bielefeld: Bertelsmann.

SCHIEREN, S. (2005). Die Brüchigkeit des Generationenvertrags. Die Nachhaltigkeitslücke in der gesetzlichen Renten- und Krankenversicherung. In G. Breit, (Hrsg.), Die alternde Gesellschaft (S. 73–97). Schwalbach: Wochenschau Verlag.

SCHNEIDER, W. (1992). Erwerb von Expertise. Zur Relevanz kognitiver und nichtkognitiver Voraussetzungen. In E. A. Hany & H. Nickel (Hrsg.), Begabung und Hochbegabung. Theoretische Konzepte – empirische Befunde – praktische Konsequenzen (S. 105–122). Bern: Huber.

SCHRÖDER, H. & GILBERG, R. (2005): Weiterbildung Älterer im demografischen Wandel. Empirische Bestandsaufnahme und Prognose. Bielefeld: Bertelsmann.

SEVERING, E. (1996). Weiterbildung Älterer – ein neuer Schwerpunkt der betrieblichen Qualifizierung? In D. Lennartz (Hrsg.), Altern in Beruf und Gesellschaft (S. 103–110). Bielefeld: Bertelsmann.

STATIS (2006A). 11. koordinierte Bevölkerungsvorausberechnung – Annahmen und Ergebnisse. Verfasst von M. Eisenmenger, O. Pötzsch & B. Sommer. Wiesbaden: Statistisches Bundesamt. https://www-ec.destatis.de/csp/shop/sfg/bpm.html.cms.cBroker.cls?cmspath=struktur,vollanzeige.csp&ID=1019439.

STATIS (2006B). Bevölkerung Deutschlands bis 2050. Ergebnisse der 11. koordinierte Bevölkerungsvorausberechnung. Wiesbaden: Statistisches Bundesamt. http://www.destatis.de/jetspeed/portal/cms/Sites/destatis/Internet/DE/Press e/pk/2006/Bevoelkerungsentwicklung/bevoelkerungsprojektion2050,property =file.pdf.

STATIS (2006C). Leben in Deutschland. Haushalte, Familien und Gesundheit. Ergebnisse des Mikrozensus 2005. Tabellenanhang zur Pressebroschüre. Wiesbaden: Statistisches Bundesamt. http://www.beruf-und-familie.de/files/dldata// b0a31c76bd6390480d83936590a2df30/destatis_mikrozensus_2005.pdf.

STATIS (2007). Statistisches Jahrbuch 2007 für die Bundesrepublik Deutschland. Wiesbaden: Statistisches Bundesamt. http://www.destatis.de/jetspeed/portal/ cms/Sites/destatis/SharedContent/Oeffentlich/AI/IC/Publikationen/Jahrbuch/ Statistisches_20Jahrbuch2007,property=file.pdf.

STATIS (2008). Berufliche Weiterbildung in Unternehmen 2007. Dritte europäische Erhebung über die berufliche Weiterbildung in Unternehmen (CVTS3).

Wiesbaden: Statistisches Bundesamt. https://www-ec.destatis.de/csp/shop/sfg/bpm.html.cms.cBroker.cls?cmspath=struktur,vollanzeige.csp&ID=1021448.

STAUDINGER, U. M. (1996). Psychologische Produktivität und Selbstentfaltung im Alter. In M. M. Baltes & L. Montada (Hrsg.), Produktives Leben im Alter (S. 344–373). Frankfurt/Main: Campus.

STAUDINGER, U. M. & BALTES, P. B. (1996). Weisheit als Gegenstand psychologischer Forschung. Psychologische Rundschau, 47, 57–77.

STAUDINGER, U. M. & BAUMERT, J. (2007). Bildung und Lernen jenseits der 50. Platizität und Realität. In P. Gruss (Hrsg.), Die Zukunft des Alterns. Ein Report der Max-Planck-Gesellschaft (S. 240–257). München: C.H. Beck.

STAUDINGER, U. M. & SCHINDLER, I. (2002). Produktives Leben im Alter. Aufgaben, Funktionen und Kompetenzen. In R. Oerter & L. Montada (Hrsg.), Entwicklungspsychologie. 5. Auflage (S. 955–982). Weinheim: Beltz PVU.

STRAKA, G. A., LÖDIGE-RÖHRS, L. & WILCKHAUS, F. (1992). Weiterbildung von Arbeitnehmer in der zweiten Lebenshälfte – FESILI 2000. In F. Achtenhagen & E. G. John (Hrsg.), Mehrdimensionale Lehr-Lern-Arrangements (S. 444–459). Wiesbaden: Gabler.

STUBER, M. (2004). Diversity. Das Potenzial von Vielfalt nutzen. München/Unterschleißheim: Luchterhand.

TNS INFRATEST (Hrsg.) (2008). Weiterbildungsbeteiligung in Deutschland, Eckdaten zum BSW-AES 2007. Verfasst von Bernhard von Rosenbladt und Frauke Bilger. München: TNS.

TUOMI, K., ILMARINEN, J., JAHKOLA, A., KATAJARINNE, L. & TULKKI, A. (2001). Arbeitsbewältigungsindex. Work Ability Index. Schriftenreihe der Bundesanstalt für Arbeitsschutz und Arbeitsmedizin, Übersetzung, Ü 14. Bremerhaven: Wirtschaftsverlag NW Verlag für neue Wissenschaft GmbH.

VOELPEL, S., LEIBOLD, M. & FRÜCHTENICHT, J.-D. (2007). Herausforderung 50 plus. Konzepte zum Management der Aging Workforce. Die Antwort auf ein demografisches Dilemma. Erlangen: Wiley & Publics.

WÄCHTER, H. & SALLET, D. (Hrsg.) (2006). Personalpolitik für alternde Belegschaft. Trierer Beiträge zum Diversity Management, Bd. 5. München und Mering: Rainer Hampp Verlag.

WECHSLER, D. (1944). The measurement of adult intelligence. Baltimore: Williams & Wilkins.

WENKE, J., REGLIN, T. & STAHL, T. (1996). Berufliche Weiterbildung für ältere Mitarbeiter – ein Leitfaden für Bildungsträger. Dokumentation zum Modellversuch Entwicklung und Erprobung von Qualifizierungskonzepten für ältere Arbeitnehmer aus der Industrie. Bielefeld: Bertelsmann Verlag.

ZIMMERMANN, H. & SCHAPFEL-KAISER, F. (2007). Weiterbildung älterer Beschäftigter. Betriebliche Sichtweisen und Ansätze. In K. Kraus & C. Iller (Hrsg.), Ältere Beschäftigte – alternde Belegschaft (S. 39–50). Bielefeld: W. Bertelsmann Verlag.

Anhang

Leitfaden zur Diversity-orientierten Situationsanalyse
(Stuber 2004: 144)

- Welche demografische Struktur besitzt Ihr Kundenstamm (z.B. Alter, Einkommen, Geschlecht, Bildungsniveau, kulturelle Herkunft)?

- Wie viele Sprachen werden von Ihren Kunden gesprochen?

- In wie vielen Ländern ist Ihr Unternehmen aktiv?

- Wie hoch ist die Mitarbeiterfluktuation und wie viel kostet sie Ihr Unternehmen?

- Wie hoch sind Ihre Ausgaben für Personaleinstellungen/ Recruiting?

- Wie viel musste Ihr Unternehmen bisher für Klagen von Mitarbeitern in Diskriminierungsangelegenheiten und wegen sexueller Belästigung bezahlen (sowohl für die Einigung als auch den Rechtsbeistand)?

- Wie häufig kommt es zu Konflikten/ Auseinandersetzungen zwischen verschiedenen Mitarbeitergruppen im Unternehmen (z.B. Abteilungen, Projektteams, Betriebsrat)?

- Gibt es eine besonders hohe Fluktuation zwischen/ innerhalb bestimmten/ bestimmter Mitarbeitergruppen?

- Sind Ihre Geschäftspolitik und Leistungsangebote attraktiv für potenzielle Bewerber von „Minderheiten" aus Unternehmenssicht?

- Verlassen hoch qualifizierte und/ oder besonders leistungsfähige Mitarbeiter Ihr Unternehmen, weil sie sich nicht ausreichend wertgeschätzt, eingebunden oder berücksichtigt fühlen?

- Sind alle Mitarbeiter der Auffassung, dass ihre Qualifikationen und Talente ausreichend „belohnt" werden?

- Gibt es in Ihrem Unternehmen eine qualifizierte Karriereplanung für alle Mitarbeiter?

- Welchen Stellenwert besitzt die interne Weiterbildung von Mitarbeitern?

- Wird Diversity in Ihrer Beschaffungspolitik berücksichtigt, und besitzen Sie eine „vielfältige" Lieferantenbasis?

Auszüge aus dem Allgemeinen Gleichbehandlungsgesetz[17]

§1 Ziel des Gesetzes

Ziel des Gesetzes ist, Benachteiligungen aus Gründen der Rasse oder wegen der ethnischen Herkunft, des Geschlechts, der Religion oder Weltanschauung, einer Behinderung, des Alters oder der sexuellen Identität zu verhindern oder zu beseitigen.

§ 2 Anwendungsbereich

(1) Benachteiligungen aus einem in § 1 genannten Grund sind nach Maßgabe dieses Gesetzes unzulässig in Bezug auf:

1. die Bedingungen, einschließlich Auswahlkriterien und Einstellungsbedingungen, für den Zugang zu unselbstständiger und selbstständiger Erwerbstätigkeit, unabhängig von Tätigkeitsfeld und beruflicher Position, sowie für den beruflichen Aufstieg,

2. die Beschäftigungs- und Arbeitsbedingungen einschließlich Arbeitsentgelt und Entlassungsbedingungen, insbesondere in individual- und kollektivrechtlichen Vereinbarungen und Maßnahmen bei der Durchführung und Beendigung eines Beschäftigungsverhältnisses sowie beim beruflichen Aufstieg,

3. den Zugang zu allen Formen und allen Ebenen der Berufsberatung, der Berufsbildung einschließlich der Berufsausbildung, der beruflichen Weiterbildung und der Umschulung sowie der praktischen Berufserfahrung,

4. die Mitgliedschaft und Mitwirkung in einer Beschäftigten- oder Arbeitgebervereinigung oder einer Vereinigung, deren Mitglieder einer bestimmten Berufsgruppe angehören, einschließlich der Inanspruchnahme der Leistungen solcher Vereinigungen,

5. den Sozialschutz, einschließlich der sozialen Sicherheit und der Gesundheitsdienste,

6. die sozialen Vergünstigungen,

7. die Bildung,

---

17 Gesetz zur Umsetzung europäischer Richtlinien zur Verwirklichung des Grundsatzes der Gleichbehandlung, vom 14. August 2006.

8. den Zugang zu und die Versorgung mit Gütern und Dienstleistungen, die der Öffentlichkeit zur Verfügung stehen, einschließlich von Wohnraum.

(2) Für Leistungen nach dem Sozialgesetzbuch gelten § 33c des Ersten Buches Sozialgesetzbuch und § 19a des Vierten Buches Sozialgesetzbuch. Für die betriebliche Altersvorsorge gilt das Betriebsrentengesetz.

(3) Die Geltung sonstiger Benachteiligungsverbote oder Gebote der Gleichbehandlung wird durch dieses Gesetz nicht berührt. Dies gilt auch für öffentlich-rechtliche Vorschriften, die dem Schutz bestimmter Personengruppen dienen.

(4) Für Kündigungen gelten ausschließlich die Bestimmungen zum allgemeinen und besonderen Kündigungsschutz.

§ 6 Persönlicher Anwendungsbereich

Beschäftigte im Sinne des Gesetzes sind: (1) Arbeitnehmerinnen und Arbeitnehmer, (2) die zu einer Berufsausbildung Beschäftigten, (3) Personen, die wegen ihrer wirtschaftlichen Unselbständigkeit als arbeitnehmerähnliche Personen anzusehen sind. (4) Bewerberinnen und Bewerber für ein Beschäftigungsverhältnis sowie Personen, deren Beschäftigungsverhältnis beendet ist.

§ 10 Zulässige unterschiedliche Behandlung wegen des Alters

Eine unterschiedliche Behandlung aufgrund des Alters ist nur dann zulässig, wenn sie objektiv und angemessen ist und durch ein legitimes Ziel gerechtfertigt ist. Die Mittel zur Erreichung dieses Ziels müssen angemessen und erforderlich sein.

Abs. 1: Unterschiedliche Behandlungen können Folgendes mit einschließen: Die Festlegung besonderer Beschäftigungs- und Arbeitsbedingungen sowie besonderer Bedingungen für den Zugang zur beruflichen Bildung, einschließlich der Bedingungen für Entlohnung und Beendigung des Beschäftigungsverhältnisses. Mit dem Ziel, die berufliche Eingliederung von Jugendlichen, älteren Mitarbeitern und Personen mit Fürsorgepflichten zu fördern oder ihren Schutz sicherzustellen.

Abs. 2: Die Festlegung von Mindestanforderungen an das Alter und die Berufserfahrung für den Zugang zur Beschäftigung oder für bestimmte mit der Beschäftigung verbundene Vorteile.

Abs. 3: Die Festsetzung eines Höchstalters für die Einstellung aufgrund der spezifischen Ausbildungsanforderungen eines bestimmten Arbeitsplatzes oder der Notwendigkeit einer angemessenen Beschäftigungszeit vor dem Eintritt in den Ruhestand.

Abs. 6: Eine Berücksichtigung des Alters bei der Sozialauswahl anlässlich einer betriebsbedingten Kündigung im Sinne des §1 des Kündigungsschutzgesetzes. Jedoch darf dem Alter *kein genereller Vorrang* gegenüber anderen Auswahlkriterien zukommen – vielmehr entscheiden die individuellen Unterschiede zwischen den vergleichbaren Beschäftigten, besonders die Chancen auf dem Arbeitsmarkt.

Abs. 7: Die individual- oder kollektivrechtliche Vereinbarung der Unkündbarkeit von Beschäftigten eines bestimmten Alters und einer bestimmten Betriebszugehörigkeit, soweit dadurch nicht der Kündigungsschutz anderer Mitarbeiter grob fehlerhaft gemindert wird.

Abs. 8: Unterschiedliche Leistungen in Sozialplänen, wenn eine nach Alter oder Betriebszugehörigkeit gestaffelte Abfindungsregelung geschaffen wurde, in der die wesentlich vom Alter abhängenden Chancen auf dem Arbeitsmarkt durch eine starke Betonung des Lebensalters berücksichtigt worden sind oder Beschäftigte von den Leistungen des Sozialplans ausgeschlossen werden, weil sie rentenberechtigt und damit wirtschaftlich abgesichert sind.

Charta der Vielfalt[18]

Die Vielfalt der modernen Gesellschaft, beeinflusst durch die Globalisierung und den demographischen Wandel, prägt das Wirtschaftsleben in Deutschland. Wir können wirtschaftlich nur erfolgreich sein, wenn wir die vorhandene Vielfalt erkennen und nutzen. Das betrifft die Vielfalt in unserer Belegschaft und die vielfältigen Bedürfnisse unserer Kundinnen und Kunden sowie unserer Geschäftspartner. Die Vielfalt der Mitarbeiterinnen und Mitarbeiter mit ihren unterschiedlichen Fähigkeiten und Talenten eröffnet Chancen für innovative und kreative Lösungen.

Die Umsetzung der „Charta der Vielfalt" in unserem Unternehmen hat zum Ziel, ein Arbeitsumfeld zu schaffen, das frei von Vorurteilen ist. Alle Mitarbeiterinnen und Mitarbeiter sollen Wertschätzung erfahren – unabhängig von Geschlecht, Rasse, Nationalität, ethnischer Herkunft, Religion oder Weltanschauung, Behinderung, Alter, sexueller Orientierung und Identität. Die Anerkennung und Förderung dieser vielfältigen Potenziale schafft wirtschaftliche Vorteile für unser Unternehmen.

Wir schaffen ein Klima der Akzeptanz und des gegenseitigen Vertrauens. Dieses hat positive Auswirkungen auf unser Ansehen bei Geschäftspartnern, Verbraucherinnen und Verbrauchern sowohl in Deutschland als auch in anderen Ländern der Welt.

Im Rahmen dieser Charta werden wir

- eine Unternehmenskultur pflegen, die von gegenseitigem Respekt und Wertschätzung jedes Einzelnen geprägt ist. Wir schaffen die Voraussetzungen dafür, dass Vorgesetzte wie Mitarbeiterinnen und Mitarbeiter diese Werte erkennen, teilen und leben. Dabei kommt den Führungskräften bzw. Vorgesetzten eine besondere Verpflichtung zu.

- unsere Personalprozesse überprüfen und sicherstellen, dass diese den vielfältigen Fähigkeiten und Talenten aller Mitarbeiterinnen und Mitarbeiter sowie unserem Leistungsanspruch gerecht werden.

- die Vielfalt der Gesellschaft innerhalb und außerhalb des Unternehmens anerkennen, die darin liegenden Potenziale wertschätzen und für das Unternehmen gewinnbringend einsetzen.

---

18 http://www.charta-der-vielfalt.de/html/die_charta.html

- die Umsetzung der Charta zum Thema des internen und externen Dialogs machen.

- über unsere Aktivitäten und den Fortschritt bei der Förderung der Vielfalt und Wertschätzung jährlich öffentlich Auskunft geben.

- unsere Mitarbeiterinnen und Mitarbeiter über Diversity informieren und sie bei der Umsetzung der Charta einbeziehen.

Wir sind überzeugt: Gelebte Vielfalt und Wertschätzung dieser Vielfalt hat eine positive Auswirkung auf die Gesellschaft in Deutschland.

Total E-Quality

Selbstbewertungsinstrument für Hochschulen und Forschungseinrichtungen[19]

1. Personalbeschaffung und Stellenbesetzung; Kriterium: Ausschreibungs-, Bewerbungs- und Stellenbesetzungsverfahren sind dazu geeignet, eine angemessene Beteiligung von Frauen an Auswahlverfahren zu fördern und die Einstellungschancen von Frauen zu erhöhen.

2. Karriere- und Personalentwicklung; Kriterium: Die Karriere- und Personalentwicklung ist so ausgerichtet, dass die berufliche Entwicklung von Frauen gefördert wird.

3. Vereinbarkeit von Erwerbstätigkeit und Familienverantwortung (work-life-balance); Kriterium: Es bestehen vielfältige Möglichkeiten zur Arbeitszeitgestaltung, die es Frauen und Männern ermöglicht, Erwerbsleben und Privatleben besser zu verknüpfen; Kriterium: Die Organisation trägt dazu bei, dass ihre Mitarbeiter und Mitarbeiterinnen Elternschaft / familiäre Verpflichtungen mit ihrer beruflichen Entwicklung in Einklang bringen können.

4. Institutionalisierte Gleichstellungspolitik; Kriterium: Institutionalisierte Funktionen und Verfahren sichern die Umsetzung gleichstellungspolitischer Fortschritte.

5. Planungs- und Steuerungsinstrumente in der Organisationsentwicklung; Kriterium: Gleichstellungspolitische Elemente werden in neue Steuerungsinstrumente integriert.

6. Organisationskultur; Kriterium: Die Einrichtung fördert Sensibilisierungs- und Bewusstseinsbildung für Chancengleichheit und wirkt damit auf die Veränderung der Organisationskultur hin.

7. Forschung, Lehre und Studium; Kriterium: Erkenntnisse aus der Frauen- und Genderforschung sind in Forschung, Lehre und Studium integriert.

---

19 http://www.cews.org/total-e-quality/index1.html

Waxmann

Volker Heyse,
John Erpenbeck (Hrsg.)

Kompetenzmanagement

Methoden, Vorgehen, KODE® und KODE®X im Praxistest

2007, 336 S., br., 34,90 €, ISBN 978-3-8309-1825-7

In der heutigen stark wettbewerbsorientierten Arbeitspraxis besteht vielfach der Wunsch nach einem sicheren und einfach zu handhabenden Verfahren zum Erkennen und Entwickeln von Kompetenzen. Die Verfahrenssysteme KODE® und KODE®X bieten hier ein einheitliches Modell zur Messung und Entwicklung von Kompetenzen, das seit 1999 von einer Vielzahl von Berater/-inne/n und Trainer/-inne/n erfolgreich angewendet und weiterentwickelt wird. Nach „Kompetenzen erkennen, bilanzieren und entwickeln" beschäftigt sich mit diesem Buch nun ein zweiter Praxisband der Autoren mit den Erfahrungen und Weiterentwicklungen innerhalb dieser Systeme. Das gemeinsame Anliegen der Autoren sind handhabbare und wirkungsvolle OE/PE-Instrumente und -Ergebnisse sowie ein Brechen mit erstarrten Human-Resource-Management-Praktiken. Das Buch wendet sich somit vor allem an Führungskräfte, PE'ler, BeraterInnen und TrainerInnen, die von der Notwendigkeit eines Paradigmenwechsels im Human Resource Management hin zu einem dynamischen Kompetenzmanagement überzeugt sind.

Es werden vielfältige Anwendungsbeispiele und neue methodische Vorstöße insbesondere im Rahmen des interkulturellen Kompetenzmanagements sowie des Wertemanagements vorgestellt.

Mit Beiträgen von Ingeborg Böhm, Bernward Brenninkmeyer, Steffen Buhr, John Erpenbeck, Volker Heyse, Norbert Kailer, Franz Kaltenbrunner, Kai Kochmann, Margret Korn, Oliver Kritzler, Stefan Ortmann, Henryk Schoder.

MÜNSTER · NEW YORK · MÜNCHEN · BERLIN

Waxmann

Volker Heyse,
John Erpenbeck

Die Kompetenzbiographie

Wege der Kompetenzentwicklung

Mit Beiträgen von Timo Meynhardt und Johannes Weinberg

2007, 496 S., geb., 2. aktualisierte Auflage, 39,80 €, ISBN 978-3-8309-1808-0

Bereits Ende der 1990er Jahre stellten John Erpenbeck und Volker Heyse mit der „Kompetenzbiographie" eine neue Erfassungs- und Darstellungsmethode vor, die diejenigen biographischen Ereignisse hervorhebt, die für die berufliche Kompetenzentwicklung retrospektiv wichtig, gegenwärtig nutzbar oder prospektiv zu fördern sind. Die Arbeit war so erfolgreich und gefragt, dass sie nun in zweiter, aktualisierter Ausgabe erscheint.

Bei der Kompetenzbiographie geht es darum, den Erwerb und die Entwicklung von Kompetenzen tiefgehend zu verstehen. Dieses Verständnis gilt es in praktische Vorschläge für die berufliche Bildung und Personalentwicklung umzusetzen. Lernen wird dabei nicht nur als bloße Informationsaufnahme, sondern als Erwerb und Erweiterung von Wissen im weitesten Sinne verstanden. Dazu gehören ebenfalls das Erlernen von Werten, die Erweiterung und Nutzung implizierter Erfahrungen und der Aspekt des selbstorganisierten Lernens.

In ihrer Untersuchung richten die Autoren ihren Fokus auf innovative und erfolgreiche Führungskräfte und untersuchen, wie sich die entsprechenden individuellen Kompetenzen lebensgeschichtlich und arbeitsbiographisch entwickelt haben. Dabei werden sowohl fachlich-methodische als auch personale, aktivitätsbezogene und soziale Kompetenzen berücksichtigt.

Diese Ausgabe geht dabei auf die neuesten Entwicklungen in der Kompetenzforschung ein und ergänzt das Standardwerk um entscheidende weiterführende Überlegungen und Resultate. Das Buch ist eine Fundgrube für alle, die Lebensweisheiten sammeln. Die untersuchten Führungskräfte werden umfassend zitiert.

MÜNSTER · NEW YORK · MÜNCHEN · BERLIN

Volker Heyse,
John Erpenbeck,
Horst Max (Hrsg.)

Kompetenzen erkennen, bilanzieren und entwickeln

2004, 154 S., br., 24,90 €, ISBN 978-3-8309-1430-3

In der heutigen wirtschaftlichen, politischen und globalen Komplexität und Dynamik sind die Fähigkeiten von Menschen, sich in unüberschaubaren und schwierigen Situationen selbstständig und flexibel zurechtzufinden, wichtiger denn je. Um diese Fähigkeiten entwickeln und fördern zu können, entwarf das ACT Audit Coaching Training in Düsseldorf vor fünf Jahren KODE®, ein Verfahren zur Kompetenzdiagnostik und -entwicklung. Der vorliegende Band will nach fünf Jahren der praktischen Anwendung der Verfahren KODE® und KODE®X eine Bilanz ziehen und Erfahrungsberichte aus den unterschiedlichsten Einsatzfeldern vorstellen. Zu diesen zählen Weiterbildung, Training von Führungskräften und Personalentwicklung vor dem Hintergrund strategischer Unternehmensziele oder Investorenpräferenzen.

Doch auch an den Hochschulen konnte sich der Einsatz von Kompetenzdiagnostik und -entwicklung in der Lehre ebenso wie bei der Studierendenauswahl bewähren. Zudem wird der Nutzen von KODE® in erweiterten Einsatzfeldern wie der Betreuung von Arbeitssuchenden vorgestellt. Über diesen praxisbezogenen Teil hinaus schließt das Buch mit einer vergleichenden methodenkritischen Positionsbestimmung der ACT-Verfahren.